Diseño de estrategias digitales. COMM097PO

Eva Díaz San Emeterio

Diseño de estrategias digitales. COMM097PO
© Eva Díaz San Emeterio

1ª Edición

© IC Editorial, 2025

Editado por: IC Editorial
c/ Cueva de Viera, 2, Local 3
Centro Negocios CADI
29200 Antequera (Málaga)
Teléfono: 952 70 60 04
Fax: 952 84 55 03
Correo electrónico: iceditorial@iceditorial.com
Internet: www.iceditorial.com

ISBN: 979-13-7027-054-4
Depósito Legal: MA 1656-2025

Impresión: PODiPrint
Impreso en Andalucía – España

Nota de la editorial: IC Editorial pertenece a Innovación y Cualificación S. L.

Especialidad formativa

Se entiende por especialidad formativa la agrupación de contenidos, competencias profesionales y especificaciones técnicas que responde a un conjunto de actividades de trabajo enmarcadas en una fase del proceso de producción y con funciones afines.

Las especialidades formativas de Uso General, Formación Complementaria, Formación Modular y las especialidades formativas dirigidas a la obtención de certificados de profesionalidad se incluyen en el Fichero de Especialidades del Servicio Público de Empleo Estatal para su gestión en todo el territorio nacional por cualquier Administración competente.

Las especialidades complementarias, pertenecen todas a la Familia profesional de Formación Complementaria (FCO) y tienen la consideración de formación transversal en áreas que se consideran prioritarias tanto en el marco de la Estrategia Europea para el Empleo y del Sistema Nacional de Empleo como en las directrices establecidas por la Unión Europea. Se consideran áreas prioritarias las relativas a tecnologías de la información y la comunicación, la prevención de riesgos laborales, la sensibilización en medio ambiente, la promoción de la igualdad, la orientación profesional y aquellas otras que se establezcan por la Administración competente.

Las especialidades de Certificado de profesionalidad tienen una duración especificada en su normativa reguladora.

En el resultado de la búsqueda, se muestran las unidades de competencia, todos los módulos formativos con su duración y las unidades formativas del certificado correspondiente, con su duración. Las horas del certificado, exclusivo de las especialidades de certificado de profesionalidad, con alta igual o superior a 2008, son las horas totales más las horas del módulo de Prácticas Profesionales no Laborales.

- **Si la especialidad tiene unidades formativas,** las horas totales, presencial, distancia, teleformación serán igual a la suma de esas horas de las unidades formativas de los distintos módulos, sin que se repita ninguna Unidad formativa.

➲ **Si la especialidad no tiene unidades formativas,** las horas totales, presencial, distancia, teleformación serán igual a las sumas de esas horas de los módulos formativos, eliminando las horas de los módulos repetidos.

https://sede.sepe.gob.es/especialidadesformativas/RXBuscadorEFRED/
BusquedaEspecialidades.do

(Fuente: Servicio Público de Empleo Estatal)

Índice

OBJETIVOS GENERALES

Los objetivos general del **COMM097PO. Diseño de estrategias digitales,** son:

- ➲ Establecer unos objetivos centrados en el cliente digital y en la nueva arquitectura tecnológica y de datos, transformando las estrategias empresariales.
- ➲ Analizar la estrategia de *inbound marketing,* junto con sus componentes clave y las principales técnicas que forman parte de este enfoque de *marketing.*
- ➲ Comprender en profundidad las estrategias y las etapas que conforman tanto los planes de *marketing* tradicionales como los planes de *marketing* digital.

Inbound marketing (e-mail marketing-marketing de contenidos-blogs-*buyer* persona)

Contenido

Objetivos

El objetivo general de esta Unidad de Aprendizaje es:

→ Analizar la estrategia de *inbound marketing,* junto con sus componentes clave y las principales técnicas que forman parte de este enfoque de *marketing.*

Los objetivos específicos de esta Unidad de Aprendizaje son:

→ Identificar las diferencias entre el *inbound marketing* y el *marketing* tradicional, comprendiendo el enfoque centrado en el usuario y el valor del contenido como motor de atracción.

→ Analizar los componentes clave del proceso *inbound* (atracción, conversión, cierre y fidelización), incluyendo modelos como el embudo de ventas y el *flywheel.*

→ Aplicar buenas prácticas en *e-mail markoting,* desde la segmentación de audiencias hasta la automatización de envíos, el análisis de métricas y el uso del *marketing* de permiso.

→ Descubrir distintas herramientas y recursos digitales como los blogs, las *newsletters,* la curación de contenidos, el *storytelling* y el diseño visual, para fortalecer la estrategia de contenidos y mejorar la experiencia del usuario.

→ Diseñar perfiles de *buyer* persona que permitan crear mensajes alineados con las necesidades, los intereses y las etapas del proceso de compra del cliente ideal.

→ Seleccionar la campaña de *e-mail marketing* más adecuada según los objetivos pretendidos.

→ Definir un *buyer* persona que represente al cliente ideal para un producto establecido.

1. Introducción

Con el tiempo, el *marketing,* de la misma manera que ha sucedido con otras disciplinas, ha experimentado un cambio importante que lo ha llevado a una constante evolución. Sin embargo, aquellas áreas que operan en los entornos digitales han avanzado con mayor rapidez para adaptarse al ritmo acelerado de la transformación digital.

El tradicional plan de *marketing* ha dado paso al plan de *marketing* digital, dentro del cual cobran protagonismo las campañas de *inbound marketing.* Estas se complementan con el *marketing* de contenidos, centrando su atención en un elemento clave: el cliente o público objetivo.

Juan y María trabajan en una pequeña empresa de diseño gráfico desde hace más de una década. Con el paso del tiempo, han notado cómo las herramientas digitales han transformado completamente la manera en la que los clientes interactúan con las marcas, lo que los ha motivado a replantear sus procesos creativos.

Ambos han decidido formarse acerca de las nuevas tendencias y en el uso de nuevas plataformas, con el fin de ofrecer soluciones más actualizadas y alinear su trabajo con las expectativas actuales del mercado.

2. *Inbound marketing* vs. *marketing* de contenidos

 **HILO CONDUCTOR**

Juan y María descubrirán que el *inbound marketing* es una metodología integral que abarca todo el recorrido del cliente, mientras que el *marketing* de contenidos es una de sus herramientas clave. Al comprender sus diferencias, podrán combinarlos, creando contenidos estratégicos que informen y guíen al usuario en cada etapa del embudo hasta lograr su fidelización.

Cuando pensamos en cualquier aspecto del *marketing,* lo primero que suele venirnos a la cabeza es el uso de estrategias publicitarias tradicionales que destacaban las cualidades y las ventajas de los productos o servicios frente a los ofrecidos por la competencia. Este enfoque es el que se conoce como *outbound marketing*.

Actualmente, este modelo publicitario se percibe como un modelo intrusivo, lo que ha llevado a las empresas a adoptar nuevas estrategias que permitan a sus clientes o al público objetivo descubrir, por sí mismos, el valor que sus productos o servicios pueden ofrecerles.

 **VÍDEO**

En el canal de YouTube de Cyberclick puedes encontrar un vídeo que explica las diferencias entre el *inbound* y el *outbound marketing*. Este vídeo te ayudará a comprender cómo cada enfoque se adapta a los distintos objetivos y etapas del embudo de conversión.

Accede al vídeo desde aquí:

https://redirectoronline.com/comm097po0101

2.1. El *inbound marketing*

El *inbound marketing* es una estrategia que combina técnicas de *marketing* efectivas con métodos publicitarios no intrusivos. Su objetivo es acompañar al cliente a lo largo de todo el proceso: desde que descubre la marca y considera la posibilidad de adquirir un producto o servicio hasta que realiza la compra. Posteriormente, se trabajará en su fidelización, con la intención de que se convierta en un gancho que atraiga a nuevos clientes potenciales.

Existen varias **diferencias** clave entre el *inbound* y el *outbound marketing,* especialmente en:

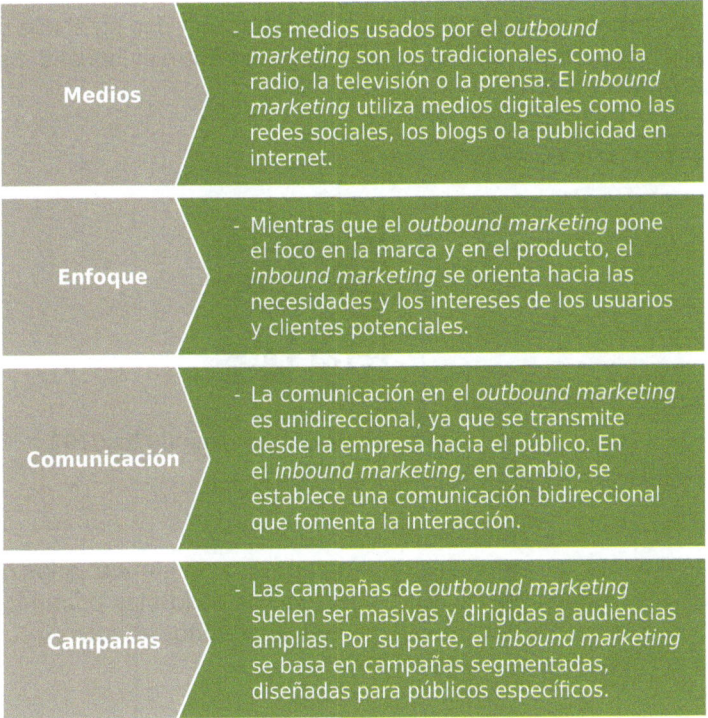

Medios	- Los medios usados por el *outbound marketing* son los tradicionales, como la radio, la televisión o la prensa. El *inbound marketing* utiliza medios digitales como las redes sociales, los blogs o la publicidad en internet.
Enfoque	- Mientras que el *outbound marketing* pone el foco en la marca y en el producto, el *inbound marketing* se orienta hacia las necesidades y los intereses de los usuarios y clientes potenciales.
Comunicación	- La comunicación en el *outbound marketing* es unidireccional, ya que se transmite desde la empresa hacia el público. En el *inbound marketing,* en cambio, se establece una comunicación bidireccional que fomenta la interacción.
Campañas	- Las campañas de *outbound marketing* suelen ser masivas y dirigidas a audiencias amplias. Por su parte, el *inbound marketing* se basa en campañas segmentadas, diseñadas para públicos específicos.

El *inbound marketing* se basa en atraer a los clientes potenciales con el objetivo de incrementar las ventas de la empresa. A diferencia de los métodos tradicionales, en este enfoque son los propios clientes quienes buscan activamente a las empresas que mejor se adaptan a sus necesidades o que les ofrecen las condiciones más favorables. Este cambio de dinámica representa uno de los principales pilares del *inbound marketing:* las empresas ya no persiguen a sus clientes, sino que deben generar interés y valor para que estos se acerquen de manera voluntaria.

Al tratarse de una estrategia digital, permite realizar una medición precisa de los resultados. Además, facilita el seguimiento continuo del cumplimiento de los objetivos, lo que posibilita implementar los cambios que se consideren oportunos en el caso de que los resultados no sean los esperados.

 VÍDEO

En el canal de Socialmood, puedes encontrar un vídeo en el que Lucas García explica de forma breve y clara las diferencias entre el *inbound marketing* y el *outbound marketing*.

Accede al vídeo desde aquí:

https://redirectoronline.com/comm097po0102

Actualmente, las empresas deben centrarse en atender a los clientes que muestran interés por la marca, guiándolos desde las primeras etapas del proceso de compra con el objetivo de convertirlos no solo en compradores, sino en auténticos embajadores de la marca.

 SABÍAS QUE...

El concepto de *inbound marketing* fue presentado por primera vez en 2005 por Brian Halligan y Dharmesh Shah, cofundadores de la empresa HubSpot, como una alternativa al *marketing* tradicional centrada en atraer al cliente con contenido útil y no intrusivo.

La implementación del *inbound marketing* dentro de una estrategia empresarial conlleva una serie de **ventajas y desventajas** que conviene tener en cuenta:

○ **Ventajas:**

○ **Abarca todo el proceso de venta y posventa:** acompaña al cliente desde el inicio del recorrido de compra hasta la conversión, sin descuidar la etapa posventa, lo que impulsa recomendaciones y compras futuras.

○ **Fomenta la fidelización del cliente:** al elevar los niveles de satisfacción, se establece una relación duradera con los clientes basada en la confianza y el valor recibido.

○ **Aumenta la rentabilidad:** la fidelización reduce los costos asociados a la captación de nuevos clientes, lo que se traduce en mayores beneficios para la empresa.

○ **Mejora la calidad de los clientes potenciales:** las campañas están diseñadas para atraer a públicos específicos y relevantes, lo que incrementa la posibilidad de conversión.

○ **Favorece la retención de clientes:** al enfocarse en resolver las necesidades reales, se genera una percepción positiva de la marca, fortaleciendo la lealtad del cliente.

○ **Refuerza la imagen de marca:** la creación de contenido útil y personalizado guía a los clientes a lo largo del proceso de compra, fortaleciendo la credibilidad de la empresa.

○ **Posiciona la empresa como referente:** a través de contenido de valor, la marca puede consolidarse como experta en su sector y convertirse en una fuente confiable.

○ **Facilita la medición de resultados:** las acciones son medibles en cada etapa, lo que permite analizar el desempeño y optimizar futuras campañas.

○ **Impulsa las ventas:** al dirigirse a un público que realmente necesita los productos o servicios, se incrementan las oportunidades de venta y de venta cruzada.

○ **Desventajas:**

○ **Resultados a largo plazo:** esta metodología requiere tiempo para generar confianza, construir relaciones y obtener resultados visibles.

○ **Alta demanda de tiempo para generar contenido:** la creación de contenido relevante y útil implica un esfuerzo constante y una inversión considerable de tiempo.

○ **Complejidad en la medición de campañas amplias:** a medida que las campañas crecen, también lo hacen las métricas, lo que puede dificultar su seguimiento y análisis.

⟲ **Competencia intensa en sectores saturados:** en los mercados muy competitivos, los procesos de conversión pueden volverse más lentos debido a la amplia oferta disponible.

⟲ **Requiere personal especializado:** para implementar estrategias efectivas es fundamental contar con profesionales capacitados en *inbound marketing*.

⟲ **Costes operativos:** la implementación de una estrategia de *marketing* digital, sobre todo en las áreas de la automatización o el *e-mail marketing*, puede requerir una inversión significativa debido a la necesidad de incorporación de personal especializado (diseñadores, redactores, analistas, técnicos en automatización, etc.) que garantice una ejecución profesional y eficaz.

⟲ **Alta dependencia tecnológica:** el *marketing* digital depende de múltiples herramientas tecnológicas para:

⟳ Medir el rendimiento de las campañas.
⟳ Automatizar procesos de envío y segmentación.
⟳ Gestionar múltiples canales (*e-mail,* redes sociales, sitios web, etc.).

Esta dependencia exige una infraestructura técnica estable, con capacidad de adaptarse rápidamente a las nuevas plataformas, actualizaciones o cambios en las condiciones del mercado digital.

2.2. El *marketing* de contenidos

Dentro de las estrategias de *marketing,* se encuentra el *marketing* de contenidos, una técnica centrada en atraer a los potenciales clientes de manera natural y no intrusiva mediante la publicación de contenidos en los distintos canales sociales en los que tiene presencia la marca y en los que se encuentra su audiencia.

Esta estrategia se basa en la construcción de una comunidad en torno a la empresa, generando contenido relevante y de valor. El objetivo es que los miembros de esa comunidad desarrollen una percepción positiva de la marca.

El marketing de contenidos se enfoca en las publicaciones de cada uno de los canales en los que tiene presencia la empresa.

 **RECUERDA**

El principal objetivo del *marketing* de contenidos es aportar valor a los usuarios de manera constante y prolongada en el tiempo, generando confianza y fortaleciendo la relación con la marca.

En resumen, el *marketing* de contenidos consiste en:

Provocar

Se busca estimular el compromiso del público objetivo con la marca, generando acciones que aumenten la cantidad de seguidores y promotores de esta.

Generar

Es fundamental crear contenido que responda a las demandas del público, fomentando la interacción y el diálogo entre la marca y sus potenciales clientes.

Continúa en página siguiente >>

<< Viene de página anterior

Atraer

El contenido debe centrarse en aportar valor: resolver dudas, ofrecer soluciones o enseñar algo útil. La venta no es el punto de partida, sino el resultado natural de haber generado dicha confianza y conexión.

Crear

No solo se trata de producir contenido de calidad, sino también de cuidar el mensaje y su potencial de difusión, buscando que sea lo suficientemente atractivo como para ser compartido y viralizado.

No hay que olvidar que es más probable que una persona realice una compra cuando sienta afinidad por una marca o cuando conozca su manera de trabajar y la forma en la que gestiona la relación con sus clientes.

 SABÍAS QUE...

Joe Pulizzi definió el *marketing* de contenidos como una técnica de *marketing* centrada en crear y distribuir contenido relevante y valioso con el propósito de atraer, captar y mantener la atención del público objetivo, con la intención de convertirlos en futuros clientes.

- -

Además de aportar valor a los clientes potenciales, el *marketing* de contenidos también contribuye de manera significativa en los siguientes aspectos:

⮑ **Generación de tráfico web.** Dado que la mayoría de las personas utilizan buscadores como Google para encontrar información, una estrategia sólida de contenidos puede atraer a nuevos clientes a través de este canal de forma constante.

⮑ **Reconocimiento de marca.** El contenido bien elaborado contribuye a que la marca y sus productos o servicios sean fácilmente identificables. Además, las personas tienden a repetir compras en marcas con las que sienten afinidad o que les han ayudado a resolver un problema.

⮑ **Aumento de interacciones.** El reconocimiento de marca mide cuántas personas tienen una percepción positiva de ella, pero el verdadero compromiso se construye mediante contenidos relevantes que promuevan la interacción entre la empresa y su audiencia.

- **Educación del cliente.** Es clave crear contenido que responda a preguntas comunes y ayude a los usuarios a identificar qué producto o servicio se adapta mejor a sus necesidades.
- **Impulso de las ventas.** Las ventas se generan de forma orgánica cuando se implementa una estrategia de contenidos bien planificada, enfocada en resolver los problemas reales del público objetivo.
- **Obtención de resultados.** Una vez que un visitante llega al sitio web, es fundamental recoger datos sobre sus intereses y necesidades para ofrecerle contenido personalizado que fortalezca la relación con la marca.
- **Fomento del compromiso.** Mantener a un cliente es más rentable que adquirir uno nuevo. Por eso, es esencial fidelizarlo mediante boletines, correos electrónicos personalizados y otros recursos que refuercen su vínculo con la empresa.
- **Adquisición de nuevos clientes.** Una estrategia de contenido eficaz proporciona materiales útiles como guías, *e-books* o *webinars* que ayudan al cliente en su proceso de decisión, facilitando así la conversión final.

El *marketing* de contenidos no puede actuar aisladamente; debe formar parte de una estrategia integrada que se coordine con el resto de las acciones destinadas a incrementar la visibilidad de la empresa.

 VÍDEO

En el canal de YouTube de Socialmood, Lucas García explica de forma clara qué es el *marketing* de contenidos, destacando su enfoque en crear contenido útil para atraer y fidelizar a la audiencia. A diferencia del *marketing* tradicional, se centra en aportar valor en lugar de interrumpir. También ofrece consejos prácticos para planificar una estrategia efectiva alineada con los objetivos de la marca.

Accede al vídeo desde aquí:

https://redirectoronline.com/comm097po0103

 **RECUERDA**

El *marketing* de contenidos tiene como objetivo atraer y fidelizar a los usuarios mediante la creación y la difusión de contenidos en diversos canales sociales como blogs, *newsletters* o redes sociales, entre otros, utilizando formatos adaptados a cada medio, tales como textos, vídeos, pódcast o webinarios.

2.3. Integración del *marketing* de contenidos dentro del *inbound marketing*

Podemos afirmar que tanto el *inbound marketing* como el *marketing* de contenidos se centran en la creación de contenido relevante, diseñado especialmente en función de las características del público al que va dirigido. El objetivo principal es acompañar a esas personas a lo largo del proceso de compra y lograr su conversión final.

 **VÍDEO**

En el canal de YouTube de Cyberclick, puedes encontrar un vídeo en el que se explican las diferencias entre el *marketing* de contenidos y el *inbound marketing*, además de ofrecer ideas sobre cómo integrar ambos enfoques.

Accede al vídeo desde aquí:

https://redirectoronline.com/comm097po0104

A menudo, se tiende a pensar que el *inbound marketing* y el *marketing* de contenidos son técnicas similares, ya que los contenidos creados dentro del *marketing* de contenidos suelen incorporarse en las estrategias de *inbound marketing.* No obstante, esta creencia es errónea, ya que ambos enfoques, aunque relacionados, no son idénticos. Podemos identificar tres **diferencias** fundamentales entre ellos:

Estrategias
- El *marketing* de contenidos se basa en la creación y la distribución de contenido informativo, educativo o entretenido, con el objetivo de atraer y retener a una audiencia específica.
- Por su parte, el *inbound marketing* incluye el *marketing* de contenidos dentro de un enfoque más amplio que integra otras técnicas como el SEO, el *e-mail marketing,* la automatización o la gestión de relaciones con clientes (CRM).

Objetivos
- El *marketing* de contenidos busca captar el interés de la audiencia y dirigirla hacia plataformas propias, como un blog o sitio web, donde pueda interactuar con el contenido de forma más profunda.
- En cambio, el *inbound marketing* tiene como meta convertir visitantes en clientes, utilizando herramientas como formularios, *landing pages,* correos personalizados y sistemas CRM.

Métricas
- En el *marketing* de contenidos, las métricas clave se enfocan en la visibilidad, el alcance y la interacción (por ejemplo, visitas, tiempo en página o comentarios).
- En el *inbound marketing,* además de esas métricas, se analizan indicadores más ligados a resultados comerciales, como tasas de conversión, *leads* generados, ventas concretadas y retorno de la inversión (ROI).

 **IMPORTANTE**

El *marketing* de contenidos por sí solo no garantiza la captación directa de clientes, pero desempeña un papel clave en aumentar la visibilidad, generar confianza y posicionar la marca como referente en su sector. Estos factores son fundamentales para alimentar otras estrategias, como el *inbound marketing,* que están orientadas específicamente a la conversión y la captación de clientes.

APLICACIÓN PRÁCTICA

Pedro está reunido con la empresa que le lleva todos los asuntos relacionados con el *marketing* digital de su negocio para que le presenten una imagen del estado de su empresa y modificar aquellos aspectos en los que se pueda mejorar. Pedro se ha dado cuenta de que se han centrado en el *marketing* de contenidos, pero no entiende en qué puede ayudarle.

¿Puedes indicarle a Pedro en qué consiste el *marketing* de contenidos?

Solución

Es fundamental provocar, generar y atraer al público a través de contenidos relevantes, permitiendo que sea el propio usuario quien decida qué tipo de contenido desea consumir, según sus intereses y necesidades.

----

3. Etapas de *inbound*

HILO CONDUCTOR

Para aplicar el *inbound marketing* de forma estructurada, Juan y María deben seguir sus cuatro etapas clave: atraer, convertir, cerrar y deleitar. Generando un contenido útil, optimizarán su sitio y sus redes sociales para atraer visitas, convirtiendo posteriormente a los visitantes en *leads* con formularios y llamadas a la acción. Gracia a la automatización y al seguimiento, podrán cerrar ventas, y gracias a la atención personalizada y al contenido exclusivo, fidelizar a sus clientes.

Como se ha indicado anteriormente, el *inbound marketing* combina las estrategias del *marketing* tradicional con técnicas de publicidad no intrusiva. Su propósito es atraer al consumidor y acompañarlo de manera casi imperceptible a lo largo del proceso de compra hasta lograr su fidelización.

Este enfoque se estructura en cinco etapas, diseñadas para generar una relación duradera con el cliente o usuario. Estas cinco **etapas** son:

- **Atracción:** es la etapa inicial del proceso de ventas, donde el objetivo principal es atraer a los usuarios hacia los canales digitales de la empresa antes de que se vayan hacia los de la competencia.
  Las herramientas más comunes en esta fase son:

  - **SEO (posicionamiento orgánico):** optimizar el contenido para que aparezca en los primeros resultados de Google cuando el usuario realiza búsquedas relacionadas con productos o servicios.
  - ***Marketing* de contenidos:** crear contenido útil, interesante y de calidad que responda a las necesidades del público objetivo.
  - ***Social Media:*** difundir el contenido a través de redes sociales para incrementar su alcance y potencial de viralización.
  - **SEM (posicionamiento de pago):** lanzar campañas publicitarias en buscadores, orientadas a los usuarios que buscan productos o servicios similares.

- **Conversión:** una vez atraído el tráfico cualificado, el siguiente paso es convertir esos visitantes anónimos en oportunidades de venta *(leads)*. Para ello, se les ofrece contenido de valor a cambio de sus datos de contacto, que se almacenan y se segmentan en una base de datos.
- **Cierre:** con la información recopilada, se pueden enviar comunicaciones personalizadas y específicas en el momento oportuno, aumentando las posibilidades de concretar la venta.
- **Fidelización:** el proceso no finaliza con la venta: el verdadero objetivo es fidelizar al cliente. Un cliente satisfecho que repite y recomienda es más valioso que uno nuevo. Mantener la relación mediante el contenido útil, la atención personalizada y la comunicación constante es un aspecto clave.
- **Análisis de resultados:** toda estrategia de *marketing* debe incluir un sistema de análisis y medición. Evaluar el rendimiento de las acciones permite identificar qué aspectos están funcionando y cuáles deben optimizarse para mejorar los resultados.

El embudo de ventas del *inbound marketing,* aunque útil, puede ser visto como infinito porque siempre se busca incentivar nuevas compras tras cada venta. Una nueva tendencia en *inbound marketing,* llamada *flywheel* (molinillo), propone un ciclo continuo con tres fases que se repiten.

La principal diferencia entre el embudo *(funnel)* y el molinillo *(flywheel)* es el papel del cliente: en el modelo *flywheel,* el cliente está en el centro desde el inicio, mientras que, en el *funnel,* los clientes atraviesan el proceso hasta llegar al final. Las tres **etapas del modelo *flywheel*** son:

Atraer	- El *inbound marketing* se enfoca en atraer y seducir al cliente, en lugar de interrumpirlo con mensajes intrusivos. Para lograrlo, se crea contenido de valor que refleje el conocimiento, la experiencia y la autoridad de la empresa en su sector, posicionándola de forma natural en la mente del cliente potencial.
Interactuar	- El cliente debe estar en el centro de toda estrategia. Por eso, es esencial ofrecerles soluciones personalizadas según sus necesidades. Los contenidos exclusivos, como guías, plantillas, *e-books* o acceso a recursos especiales, pueden intercambiarse por los datos personales del usuario, permitiendo enriquecer la base de datos y segmentarla para futuras campañas más efectivas.
Deleitar	- Más allá de la venta, el objetivo es ofrecer una experiencia positiva y memorable que fidelice al cliente y lo convierta en embajador de la marca. La satisfacción del usuario debe traducirse en recomendaciones, reseñas positivas y nuevas oportunidades de negocio.

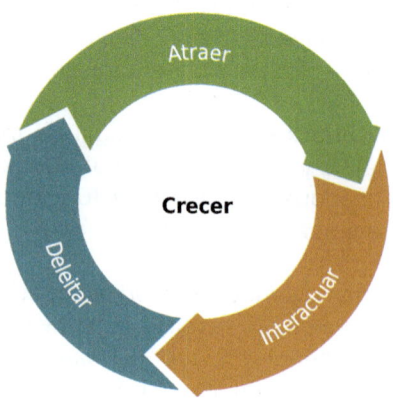

 **VÍDEO**

En el canal de YouTube de Vadezero, puedes encontrar un vídeo explicativo sobre qué es el *marketing flywheel,* una estrategia innovadora centrada en la fidelización del cliente. Te recomendamos verlo para ampliar tus conocimientos sobre este enfoque.

Accede al vídeo desde aquí:

https://redirectoronline.com/comm097po0105

4. *Marketing* de permiso

 HILO CONDUCTOR

En un entorno saturado de mensajes publicitarios, Juan y María han optado por aplicar el *marketing* de permiso como base de su estrategia. En lugar de interrumpir a los usuarios con publicidad invasiva, buscan obtener su consentimiento antes de iniciar cualquier comunicación. Este enfoque les permite construir una audiencia realmente interesada en lo que ofrecen, con una mayor disposición a escuchar y a participar, reforzando la confianza y el respeto por la privacidad del usuario, lo que mejorará la percepción de su marca.

El *marketing* de permiso es una técnica relativamente reciente en el *marketing* digital. Su enfoque se basa en pedirle permiso al cliente potencial o usuario antes de enviarle información relacionada con los productos, servicios o novedades de la empresa.

IMPORTANTE

El *marketing* de permiso sitúa al cliente en el centro de la estrategia, ya que se le consulta directamente sobre su interés en recibir comunicaciones por parte de la empresa.

Este concepto fue introducido por Seth Godin, quien sostenía que, al pedirle permiso al cliente previamente, se capta la atención de las personas realmente interesadas en lo que se ofrece. En otras palabras, el usuario está dispuesto a dedicar parte de su tiempo a conocer los productos o servicios presentados, lo que aumenta la probabilidad de generar una conexión genuina y duradera.

Esta modalidad de *marketing* presenta una serie de **ventajas** frente a otras estrategias tradicionales de *marketing*:

- **Personalización.** Dirigirse al usuario con mensajes adaptados genera una sensación de exclusividad, lo que fortalece el vínculo con la marca y mejora la percepción del cliente.
- **Generación de interés.** La personalización permite asegurar el interés real del usuario en los productos o servicios ofrecidos, al responder de forma precisa a sus necesidades.
- **Enfoque y dedicación.** El usuario invierte tiempo únicamente en los contenidos o propuestas que le resultan relevantes, lo que mejora la eficacia de las acciones de *marketing*.
- **Descubrimiento de necesidades.** El seguimiento y el análisis del comportamiento del usuario permiten a la empresa identificar sus preferencias y necesidades, anticipándose a ellas con soluciones adecuadas.
- **Aumento de la probabilidad de venta.** Cuando es el cliente quien muestra interés de forma activa, las posibilidades de conversión aumentan notablemente, ya que existe una predisposición a la compra.
- **Fidelización del cliente.** Escuchar al cliente y ofrecerle productos o servicios ajustados a sus necesidades genera confianza y lealtad, fortaleciendo la relación a largo plazo.
- **Mejora de la rentabilidad.** Cuantos más productos o servicios consume un cliente, mayor es su grado de fidelización y menor la probabilidad de que acuda a la competencia, lo que incrementa el valor de cada cliente para la empresa.

Para conseguir que un cliente se convierta en un prescriptor de la marca, comprometido con los productos o servicios que ofrece la marca mediante el uso del *marketing* de permiso, se pueden seguir estos **pasos:**

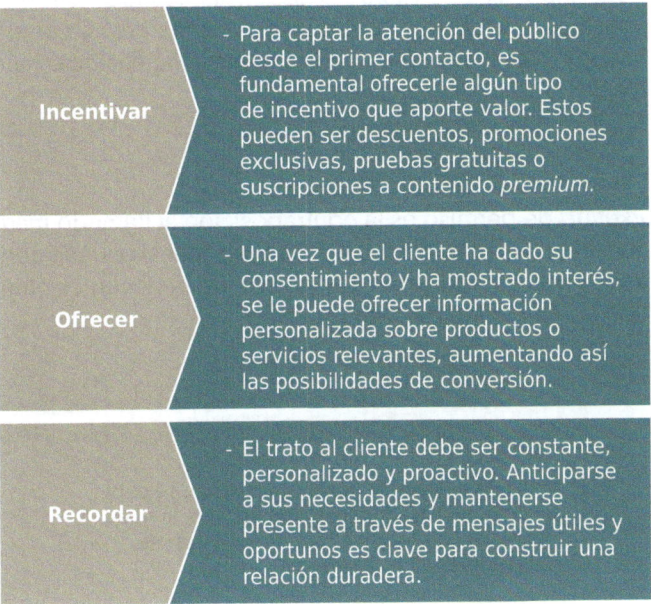

Incentivar
- Para captar la atención del público desde el primer contacto, es fundamental ofrecerle algún tipo de incentivo que aporte valor. Estos pueden ser descuentos, promociones exclusivas, pruebas gratuitas o suscripciones a contenido *premium.*

Ofrecer
- Una vez que el cliente ha dado su consentimiento y ha mostrado interés, se le puede ofrecer información personalizada sobre productos o servicios relevantes, aumentando así las posibilidades de conversión.

Recordar
- El trato al cliente debe ser constante, personalizado y proactivo. Anticiparse a sus necesidades y mantenerse presente a través de mensajes útiles y oportunos es clave para construir una relación duradera.

Con el tiempo, es probable que el cliente muestre interés por otros productos o servicios que ofrezca la empresa. Este es el momento ideal para reforzar su fidelización, aprovechando la disposición a recibir información y presentándole ofertas relacionadas con sus preferencias e intereses. Entre los principales **beneficios** del *marketing* de permiso se encuentran:

- ➲ **Eficacia.** En un entorno saturado de información, los usuarios solo prestan atención a las marcas en las que confían y a los mensajes que han autorizado recibir. Esto hace que las acciones de *marketing* sean mucho más efectivas.
- ➲ **Confianza.** Al haber otorgado su consentimiento, el usuario no percibe una invasión de su privacidad, lo que refuerza la relación con la marca y mejora la receptividad de los mensajes.
- ➲ **Incremento en las ventas.** Una relación basada en la confianza reduce las objeciones durante el proceso de compra y aumenta la probabilidad de conversión, generando un impacto positivo en las ventas.
- ➲ **Relación a largo plazo.** El *marketing* de permisos está diseñado para fomentar relaciones sostenidas en el tiempo, centradas en la relevancia, el respeto y el valor continuo para el cliente.

 **RECUERDA**

Seth Godin introdujo en su libro Permission Marketing el concepto de *marketing* de permiso para referirse a las estrategias de *marketing* que se basan en solicitar la autorización del usuario antes de enviarle cualquier tipo de contenido publicitario.

El *marketing* de permiso es la contraposición al llamado *marketing* de interrupción, el cual se caracteriza por bombardear al usuario con mensajes publicitarios no solicitados y, en muchos casos, irrelevantes para sus intereses. Este tipo de *marketing* se distingue por:

Anticipación

Antes de enviar cualquier información, se debe solicitar el consentimiento del usuario, lo que establece una relación basada en el respeto y en el consentimiento explícito.

Personalización

La comunicación publicitaria se debe dirigir exclusivamente a las personas que han aceptado recibirla, garantizando una audiencia receptiva y reduciendo la intrusión.

Relevancia

Los contenidos enviados deben adaptarse a los intereses y las necesidades del usuario, lo que incrementa su valor percibido, fomenta el interés y mejora las tasas de conversión.

Seth Godin, en su libro, define cinco niveles de permiso que los clientes atraviesan progresivamente en la relación con una marca. Estos niveles son:

Entre las principales **ventajas** de implementar el *marketing* de permiso destacan:

- **No intrusivo.** El usuario no recibe mensajes ni correos no deseados, lo que evita la invasión de su privacidad y de su tiempo, generando una percepción positiva hacia la marca.
- **Educación y respeto.** Al poner al consumidor en el centro de la estrategia, se le reconoce su valor y se le trata con respeto y cortesía, fortaleciendo la relación desde el inicio.
- **Mayor efectividad.** Las relaciones entre empresa y consumidor se vuelven más eficientes, lo que contribuye a mejorar la imagen de marca y aumentar la fidelidad.
- **Respeto en el inicio de la relación.** El enfoque amable y no invasivo hace que el usuario esté más dispuesto a iniciar una relación comercial, facilitando el proceso de conversión.
- **Enfoque a largo plazo.** Las estrategias se orientan a la captación de clientes duraderos, fomentando relaciones sostenidas que generen valor mutuo con el paso del tiempo.
- **Personalización.** Se presta especial atención a las necesidades individuales de cada cliente, adaptando los mensajes y los contenidos para mejorar su relevancia.
- **Autenticidad.** Cuando es el propio usuario quien solicita información, la interacción se percibe más natural y auténtica, fortaleciendo la confianza.
- **Eficacia.** La existencia de un interés previo por parte del usuario hace que la comunicación sea más efectiva, al dirigirse a las personas realmente interesadas.

 ## ACTIVIDAD COMPLEMENTARIA

1. Investiga acerca de las técnicas del *marketing* lateral que se complementa con el *marketing* de servicios.

5. *E-mail marketing*

☞ HILO CONDUCTOR

Juan y María pueden utilizar el *e-mail marketing* como una herramienta clave en su estrategia *inbound*. Segmentando las listas y personalizando los envíos según intereses y etapas del embudo, se podrán diseñar campañas con objetivos claros. Si analizan los resultados obtenidos por cada envío, podrán convertir el correo en un canal para generar confianza y construir relaciones duraderas con su audiencia.

Hoy en día, el correo electrónico *(e-mail)* se ha convertido en una de las herramientas más utilizadas por las personas para comunicarse, tanto entre ellas como con las empresas, gracias al auge de internet.

5.1. Qué es el *e-mail marketing*

El *e-mail marketing* es una herramienta que permite a las empresas enviar información comercial a los suscriptores que han otorgado previamente su consentimiento para recibir este tipo de comunicaciones. Las direcciones de correo electrónico de estos usuarios se almacenan en una base de datos.

Esta técnica facilita el envío masivo de correos electrónicos a las listas de contactos, segmentadas según diversos criterios como la ubicación geográfica, la edad o los intereses, entre otros.

El *e-mail marketing* es considerada una herramienta eficaz, principalmente por dos razones: la facilidad con la que los usuarios pueden acceder a sus correos desde cualquier dispositivo y la posibilidad de personalizar los mensajes según las características del destinatario.

Gracias a estas ventajas, el *e-mail marketing* se convierte en un recurso valioso para atraer al cliente y acompañarlo de forma efectiva a lo largo del embudo de conversión.

El e-mail marketing es uno de los puntos de inicio del embudo de ventas.

Entre las **características** que hacen del *e-mail marketing* una herramienta ampliamente utilizada por los profesionales del *marketing,* destacan las siguientes:

- ➲ **Economía:** el *e-mail marketing* es un canal de bajo coste que permite mantener informados a los usuarios sobre novedades, promociones y contenidos de interés, generando valor con una inversión mínima.
- ➲ **Alta eficacia:** gracias a su carácter económico y a que los envíos se dirigen a las personas previamente interesadas, el correo electrónico ofrece un elevado retorno de la inversión (ROI).
- ➲ **Medición en tiempo real:** las plataformas de *e-mail marketing* permiten acceder a las métricas clave en tiempo real (como aperturas, clics, conversiones), lo que facilita la optimización continua de las campañas.
- ➲ **Gestión eficiente:** una de las grandes ventajas es la facilidad de gestionar las listas de usuarios y programar los envíos, lo que permite escalar acciones sin complicaciones operativas.
- ➲ **Automatización avanzada:** es posible segmentar e importar los contactos fácilmente para luego automatizar los envíos personalizados según los intereses o los comportamientos de cada usuario.
- ➲ **Pruebas A/B:** el *e-mail marketing* permite realizar pruebas A/B para comparar variantes de asuntos, contenidos o llamadas a la acción, con el fin de mejorar el rendimiento de las campañas.
- ➲ **Fidelización:** mantener el contacto frecuente y relevante con los suscriptores y clientes ayuda a fortalecer la relación con la marca y reducir la tasa de abandono.
- ➲ **Personalización de contenido:** este canal permite incluir contenidos dinámicos y personalizados, lo que aumenta significativamente la efectividad del mensaje y las posibilidades de conversión.

- **Rentabilidad constante:** el coste de ejecución de las campañas es generalmente estable, independientemente de si se envían 10 o 1.000 correos, lo que mejora su eficiencia económica.
- **Segmentación precisa:** el *e-mail marketing* permite dirigirse a audiencias específicas en un momento adecuado, ajustando los mensajes a los intereses y los comportamientos de cada segmento, lo que incrementa la relevancia y la tasa de respuesta.
- **Sencillez de implementación:** con el uso de las herramientas adecuadas, se pueden diseñar correos profesionales, automatizar los envíos, realizar seguimientos y segmentar la base de datos de manera sencilla, sin necesidad de grandes recursos técnicos.

5.2. Elementos que intervienen en el *e-mail marketing*

Una vez identificadas algunas de las ventajas que conlleva implementar una campaña de *e-mail marketing,* es momento de enumerar y analizar los distintos **elementos** que la componen:

- **Contactos y consentimiento.** El primer paso fundamental es obtener el consentimiento explícito de los usuarios para enviarles información. Esto garantiza el cumplimiento de las normativas y genera confianza desde el inicio.
  Cada correo debe incluir una opción clara para darse de baja de la lista de suscripción.
- **Personalización y segmentación.** No hay que enviar el mismo mensaje a toda la base de datos. Cada suscriptor tiene intereses distintos, por lo que segmentar correctamente es esencial.
  Se debe revisar y actualizar periódicamente la segmentación para asegurar que los contenidos se alineen con las preferencias reales de cada grupo.
- **Diseño adaptativo *(responsive).*** Los usuarios toman decisiones en segundos al abrir un correo. Se pueden usar plantillas visualmente atractivas y adaptables a los dispositivos móviles y de escritorio para facilitar la lectura y el acceso a la información sin problemas.
- **Contenidos claros y relevantes.** Los correos deben ser concisos, escaneables y enfocados en el mensaje clave.
  Hay que evitar el uso de palabras que los filtros de spam pueden bloquear, como "gratis", "regalos", "mejores precios" o "concurso", para asegurar la entrega efectiva del correo al destinatario.
- **Llamada a la acción (CTA).** Cada correo debe contener una llamada a la acción clara y visible, que informe al usuario del beneficio directo que obtendrá al hacer clic o interactuar con el contenido.

⊃ **Métricas y análisis.** Monitoriza continuamente los indicadores clave como la tasa de apertura, los clics, las conversiones, las bajas y los rebotes. Esto permitirá evaluar el rendimiento de la campaña y realizar los ajustes necesarios para optimizar los resultados.

Como en toda estrategia de *marketing* empresarial, el primer paso consiste en definir claramente los objetivos que se desean alcanzar. Entre los **objetivos** más comunes se encuentran los siguientes:

Reconocimiento de marca
- Cuando se ejecuta correctamente, una campaña de *e-mail marketing* contribuye a posicionar la marca como la primera opción en la mente del público objetivo.

Promoción de contenido
- Al compartir los contenidos a través de diversos canales digitales, se facilita su difusión y se incentiva la interacción del público, que puede compartirlos con su entorno, ampliando así su alcance.

Captación de nuevos suscriptores
- Se puede ofrecer contenido de valor a cambio de los datos personales del usuario (como *e-books*, descuentos, acceso exclusivo), una práctica muy valorada y eficaz para ampliar la base de contactos.

Promoción de productos y servicios
- Estas estrategias permiten presentar ofertas personalizadas que se ajustan a los intereses y las necesidades de los suscriptores, aumentando así las oportunidades de conversión.

Mantenimiento de la relación con el cliente
- El correo electrónico es una herramienta efectiva para mantener el contacto constante con los usuarios, recordándoles la propuesta de valor de la marca, sus productos y las soluciones que ofrece tanto para sus necesidades actuales como futuras.

5.3. Buenas prácticas en el uso del *e-mail marketing*

Para maximizar los resultados de una campaña de *e-mail marketing,* es fundamental prestar atención a todos los elementos que la componen, con el fin de evitar que los correos sean clasificados erróneamente como *spam* o mensajes no deseados. Para prevenir este problema, es recomendable seguir las siguientes **buenas prácticas:**

- ⮞ **Cumplimiento legal.** Es fundamental respetar la normativa vigente en materia de protección de datos. No se deben adquirir bases de datos ni enviar correos a personas que no hayan dado su consentimiento explícito.
- ⮞ **Segmentación adecuada.** Es fundamental realizar una segmentación precisa de la base de datos y adaptar los mensajes a los intereses y las necesidades específicas de cada grupo. La relevancia del contenido aumenta la efectividad de cada envío.
- ⮞ **Asegurar la entregabilidad.** No hay que olvidarse de configurar correctamente los sistemas de autenticación como DKIM *(Domain Keys Identified Mail)* para garantizar que los correos lleguen a la bandeja de entrada y no sean marcados como *spam*.
- ⮞ **Regularidad en los envíos.** La frecuencia de los envíos debe ser equilibrada, para evitar la saturación o el olvido. Un calendario bien planificado ayuda a mantener la presencia de marca sin molestar al usuario.
- ⮞ **Contenido de valor.** Cada correo debe incluir información útil y relevante para el destinatario. Se debe evitar el uso de tácticas de venta agresivas que puedan generar rechazo y pérdida de suscriptores.
- ⮞ **Redacción del asunto.** El asunto del correo debe motivar su apertura sin inducir a error. Prometer algo que luego no se cumple puede dañar la confianza en la marca y aumentar las tasas de baja.
- ⮞ **Diseño profesional.** Los correos electrónicos deben ser visualmente atractivos, optimizados para todos los dispositivos *(responsive)*. Se pueden usar editores de plantillas o diseñar en HTML/CSS si se tienen conocimientos técnicos.
- ⮞ **Evaluación de resultados.** El análisis de las métricas clave (aperturas, clics, conversiones, bajas, rebotes) ayuda a detectar las áreas de mejora y optimizar las campañas continuamente.

 IMPORTANTE

Lanzar una campaña de *e-mail marketing* eficaz requiere tiempo, dedicación y una estrategia bien definida que permita maximizar sus resultados.

5.4. La segmentación

Dentro del *e-mail marketing,* una de las acciones más importantes, y que debe ejecutarse con especial cuidado, es la segmentación. Esta consiste en clasificar a los suscriptores según la información que ellos mismos han proporcionado, como la edad, la ubicación, sus intereses o el comportamiento. El objetivo es asegurar que cada persona recibe contenidos relevantes y personalizados, ajustados a sus necesidades o preferencias. Gracias a una **segmentación adecuada,** se logra:

Conocer al público objetivo
- Identificar sus intereses, comportamientos y necesidades para diseñar campañas más efectivas y personalizadas.

Fidelizar a los suscriptores
- Establecer una relación duradera con la audiencia, basada en el valor, la confianza y la comunicación continua.

Optimizar las acciones planificadas
- Analizar el desempeño de cada envío y ajustar la estrategia para maximizar el impacto y la eficiencia de las campañas.

Mejorar los resultados de la campaña
- Aumentar las tasas de apertura, clics y conversión mediante una mejora continua basada en los datos y en el *feedback*.

Las personas que mejor conocen las características y las necesidades de los usuarios a los que se dirige la campaña de *e-mail marketing* son, sin duda, las personas que forman parte del negocio o empresa. Por ello, son las más indicadas para definir los datos que se deben recopilar de los clientes con el fin de llevar a cabo una segmentación efectiva.

Una vez que los usuarios se han segmentado de forma adecuada, se pueden planificar las campañas específicas para cada grupo teniendo en cuenta sus características particulares.

 **RECUERDA**

La clave para que una campaña de *e-mail marketing* sea realmente efectiva se basa en una buena planificación y una segmentación precisa.

5.5. Estructura de un correo centrado en el *e-mail marketing*

Al redactar un correo electrónico, no se utiliza el mismo tono ni la misma estructura si se dirige a un amigo, a un colega de trabajo o a un posible cliente. En los correos utilizados en las campañas de *e-mail marketing*, esta diferencia es aún más importante, ya que se deben respetar ciertos aspectos clave para maximizar su efectividad.

Por ello, es fundamental prestar atención a los elementos específicos que componen un correo electrónico en una campaña de *e-mail marketing*, con el fin de aumentar las posibilidades de alcanzar los objetivos establecidos.

Los principales **componentes** que hay que tener en cuenta son:

- **Asunto del mensaje.** El lenguaje debe ser claro, directo y atractivo, que resuma el contenido del correo e invite a abrirlo. El asunto es la primera impresión, y debe generar curiosidad sin ser engañoso.
- **Texto del correo.** El cuerpo del mensaje debe centrarse en un solo tema, con un enfoque claro y coherente con la línea editorial de la marca, evitando la sobrecarga de información.
- **Elementos multimedia.** Una buena práctica es la inclusión de imágenes o vídeos relevantes que complementen el mensaje. Deben estar optimizados para todos los dispositivos, especialmente los móviles, para garantizar una buena experiencia visual.
- **Llamada a la acción (CTA).** La llamada a la acción (CTA) debe destacar, ser visible y clara, que guíe al usuario hacia la acción deseada (comprar, registrarse, descargar, etc.). Debe estar alineada con el objetivo del correo.
- **Momento del envío.** Para maximizar las aperturas y las interacciones, se debe analizar y probar el mejor día y la mejor hora de envío, con el fin de marcar la diferencia en el rendimiento de la campaña.
- **Diseño *responsive*.** El diseño del correo se debe adaptar correctamente a los dispositivos móviles, ya que la mayoría de los usuarios acceden desde sus teléfonos, verificando que todos los elementos se visualicen bien y sean funcionales.

- ⮑ **Personalización del mensaje.** El contenido debe estar redactado con un tono cercano y cuidado, adaptado al perfil del receptor. La personalización mejora la conexión, la confianza y las tasas de respuesta.

5.6. Campañas de *e-mail marketing*

Aunque lo más habitual es realizar las campañas de *e-mail marketing* a través de las herramientas que permiten su automatización, existen distintos tipos de campañas que pueden implementarse en función de los objetivos que se deseen alcanzar. Estos son algunos de los **modelos de campañas de *e-mail marketing*** más relevantes:

- ⮑ **Confirmación de suscriptores.** Antes de lanzar cualquier campaña, es recomendable verificar que todos los contactos han proporcionado los datos necesarios. Esto mejora la calidad de la base de datos y aumenta la efectividad de las campañas.
  Métricas clave como los rebotes (correos que no llegan) y las no aperturas (correos no leídos) te ayudarán a depurar la lista. No hay que olvidarse de incluir siempre un enlace de baja visible en todas las comunicaciones.
- ⮑ ***E-mail* de bienvenida.** Diseñado para generar una primera impresión positiva, sirve para presentar la marca, su propósito y cómo puede ayudar al usuario.
  El diseño debe ser cuidado y el mensaje debe transmitir cercanía y confianza.
- ⮑ **Promoción del blog.** Campañas para difundir nuevos contenidos del blog, invitando al suscriptor a visitarlo desde el correo.
  Publicar con regularidad recuerda a los usuarios que la marca sigue activa y útil. Es importante que el contenido del blog sea relevante y fácilmente compartible.
- ⮑ **Lanzamiento de producto o servicio.** Los suscriptores son el público más fiel, por lo que son los primeros que deben conocer las novedades. Se deben crear expectativas previas al lanzamiento y, si es posible, ofrecerles acceso anticipado o exclusivo.
- ⮑ **Seguimiento de ventas.** Muy útil en los comercios electrónicos. Estas campañas recuerdan a los usuarios que han dejado productos en el carrito sin finalizar la compra.
  Pueden incluir descuentos o llamadas a la acción urgentes para fomentar la conversión.
- ⮑ **Encuestas.** Permiten recopilar información valiosa sobre las preferencias, el grado de satisfacción y las necesidades de los suscriptores.
  Sirven también para segmentar mejor a la audiencia y adaptar futuras campañas.

⮑ **Valoraciones y reseñas.** Se puede pedir a los usuarios que opinen sobre su experiencia con la marca mediante el incentivo con descuentos o regalos, pero se deben gestionar con cuidado para garantizar que los comentarios son auténticos.

⮑ **Promoción en las redes sociales.** Mediante botones o llamadas a la acción se debe invitar al usuario a seguir a la marca e interactuar con ella en las redes sociales.

Hay que asegurar que la marca cuenta con una buena atención en esos canales para mantener la experiencia positiva.

⮑ **Acciones concretas en redes.** Se pueden utilizar campañas para impulsar eventos o dinámicas específicas, como sorteos, debates, retransmisiones en vivo, etc., para aumentar la visibilidad y la interacción.

⮑ **Ofertas y descuentos exclusivos.** Ideales para reactivar a los suscriptores inactivos o incentivar las compras durante períodos de baja venta. Estos recursos se deben usar con moderación para no restar valor a la marca.

⮑ **Promoción de productos.** Campañas centradas en mostrar los productos, especialmente en los comercios electrónicos.

Aunque estas campañas son útiles, deben usarse de forma equilibrada para evitar la saturación o una percepción excesivamente comercial.

⮑ **Asociaciones estratégicas.** Las colaboraciones con otras marcas pueden ofrecer a los suscriptores productos con valor añadido, abriendo la puerta a nuevas audiencias con intereses afines.

⮑ **Campañas con regalos.** Ofrecer un obsequio puede ser una forma de agradecer la fidelidad del suscriptor o incentivar su participación.

Es útil en aniversarios, hitos o simplemente como detalle especial.

⮑ **Recopilatorios de contenido.** Permiten reunir en un único correo los contenidos más destacados o actualizados del blog.

Son especialmente útiles para mantener el valor sin necesidad de crear contenido nuevo constantemente.

⮑ **Recuperación de suscriptores inactivos.** Campañas dirigidas a los usuarios que han dejado de interactuar con los correos.

Se les puede ofrecer contenido exclusivo o personalizado para intentar reactivar su interés.

5.7. Problemas con el *spam*

Se ha invertido una cantidad considerable de tiempo y esfuerzo en diseñar una campaña de *e-mail marketing* orientada a cumplir los objetivos propuestos. Sin embargo, al enviarla, los servidores de correo clasifican los mensajes como *spam* o correo no deseado, lo que puede hacer que todo ese trabajo pierda efectividad. Para evitar esta situación, es fundamental tener en cuenta ciertos **elementos** que pueden ayudar a reducir las posibilidades de que los correos sean marcados como no deseados:

◐ **Uso de listas blancas *(whitelisting)*.** Las listas blancas son registros de remitentes autorizados por el propio usuario o por los proveedores de correo electrónico.
Incluir la dirección en la lista blanca de los suscriptores asegura que los correos llegan a la bandeja de entrada y no son marcados como *spam*.
Esto contrasta con las listas negras, que bloquean a los emisores considerados sospechosos o no deseados.

◐ **Redacción cuidada del texto.** Se debe evitar escribir en mayúsculas sostenidas, el uso excesivo de signos de exclamación y palabras típicamente marcadas como *spam*, como "¡GRATIS!", "OFERTA EXCLUSIVA" o "SUSCRÍBETE AHORA".
Estas expresiones pueden activar los filtros *antispam* y afectar la tasa de entregabilidad.

◐ **Elegir un proveedor de correo confiable.** Las plataformas de envío de correos deben ser reconocidas y seguras, que garanticen una buena reputación de la dirección IP y que impidan el uso de prácticas inadecuadas. No se deben enviar campañas desde cuentas personales (como Gmail, Hotmail, etc.), ya que, si son marcadas como *spam* o incluidas en listas negras, se perdería el acceso a la cuenta.

◐ **Implementar la doble verificación *(double opt-in)*.** Al incorporar nuevos suscriptores, se recomienda utilizar un sistema de doble confirmación:

  ◑ Primero, el usuario se registra.
  ◑ Después, recibe un correo para confirmar su suscripción.

Esta práctica, además de cumplir la normativa en materia de protección de datos, también garantiza que solo los usuarios realmente interesados se añadan a la lista.

 TAREA 1

Sara se ha dado cuenta de que, debido a que su empresa se ha creado recientemente, apenas tiene repercusión y reconocimiento, por lo que quiere aumentar la posibilidad de que las personas la elijan como primera opción frente al resto de empresas del sector.

¿Puedes indicarle a Sara cuál es el tipo de campaña que mejor se adecúa a sus necesidades?

- -

6. A/B *testing*

☞ HILO CONDUCTOR

Juan y María pueden utilizar las pruebas A/B para optimizar su estrategia digital, probando variaciones en correos, páginas y llamadas a la acción. Este enfoque les permitirá conocer mejor a su audiencia y tomar decisiones basadas en datos. Con pequeños ajustes, lograrán grandes mejoras y convertirán el A/B *testing* en una herramienta clave para afinar su estrategia *inbound*.

- -

El A/B *testing* consiste en crear dos versiones de un mismo elemento o contenido con el objetivo de comparar su rendimiento y determinar cuál resulta más eficaz.

En el contexto de una estrategia de *e-mail marketing,* algunos de los **elementos** que se pueden someter a pruebas A/B son:

⊃ **El texto.** Se debe cuidar la redacción:

  ۞ **Cantidad de texto:** no se debe sobrecargar el correo; claridad y brevedad.
  ۞ **Elección de palabras:** el lenguaje debe ser directo, profesional y orientado al valor para el usuario.
  ۞ **Tipografía:** se deben cuidar las fuentes, con un tamaño adecuado y con colores que garanticen una buena visibilidad y contraste.

⊃ **Los titulares.** Los titulares deben captar la atención y anticipar el contenido de forma clara.
  Se debe prestar atención a:

  ۞ El **título principal,** que debe ser atractivo, breve y directo.
  ۞ Las **descripciones o subtítulos,** que complementan o amplían la información del titular.

⊃ **Diseño del formulario.** Si se incluyen formularios (por ejemplo, de suscripción), hay que asegurar que:

  ۞ Solo se solicitan los campos esenciales.
  ۞ La estructura es clara y accesible.

◑ Diseñar llamadas a la acción (CTA) bien ubicadas, visibles y con buen contraste respecto al fondo.

⮞ **Estructura visual del correo.** En el diseño del contenido hay que pensar también en la accesibilidad:

◑ Los bloques visuales tienen que estar bien definidos.
◑ Hay que pensar en los lectores que puedan tener dificultades visuales o cognitivas.
◑ La información debe organizarse jerárquicamente: título, mensaje clave, CTA.

⮞ **Promoción de productos o servicios.** Hay que reflexionar acerca de la mejor manera de presentar precios, ofertas o beneficios.
Se debe evitar el exceso de estímulos visuales, para lo que se debe mantener la coherencia con el diseño general del correo.
⮞ **Imágenes.** Las imágenes son los primeros elementos que captan la atención del usuario:

◑ Deben ser de alta calidad, relevantes y coherentes con el mensaje.
◑ No se deben usar imágenes sin derechos de uso; se pueden usar los bancos de imágenes libres o material propio.
◑ Se recomienda optimizar las imágenes para una carga rápida y una correcta visualización en los dispositivos móviles.

6.1. Ventajas del uso del A/B *testing*

Las campañas de *marketing* no siempre se desarrollan tal y como se han planificado. Al diseñarlas, nos basamos en lo que creemos que funcionará mejor; sin embargo, es posible que el público objetivo no perciba el mensaje de la misma manera o no reaccione como se esperaba.

Para anticiparse a esta situación, los test A/B se presentan como una herramienta muy útil. Gracias a ellos, se puede comprobar si los elementos planteados se acercan a los objetivos propuestos o si, por el contrario, es necesario replantearlos porque la audiencia responde mejor a otros enfoques, diseños o mensajes.

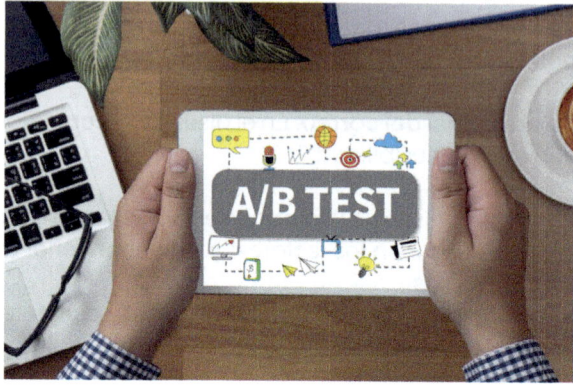

Los test A/B permiten conocer mejor al público objetivo.

A través del uso de las **pruebas A/B,** se puede:

Mejora continua de la experiencia del usuario
- Las pruebas A/B permiten experimentar con diferentes versiones de un elemento (asunto, diseño, CTA, etc.) y recopilar datos sobre cuál tiene mejor rendimiento.
- Con el tiempo, estos ensayos proporcionan información valiosa sobre las preferencias reales de los usuarios, permitiendo adaptar la experiencia a lo que mejor funciona.

Identificación y solución de los puntos de dolor del usuario
- Muchos visitantes abandonan el proceso antes de completar una acción porque encuentran dificultades o falta de claridad.
- Detectar estos puntos críticos y optimizarlos mejora la experiencia general y aumenta la probabilidad de conversión.

Reducción de la tasa de abandono del carrito
- En un comercio electrónico, la tasa de abandono de los carritos es un reto común.
- El análisis del comportamiento, junto con las pruebas A/B en el proceso de compra, puede identificar barreras, facilitando ajustes que reduzcan el abandono y recuperen ventas perdidas.

Aumento de la tasa de conversión
- Pequeños cambios en el diseño (como colores, disposición del formulario o CTA) pueden marcar una gran diferencia.
- Las pruebas A/B permiten identificar qué versiones generan más interacciones, registros o compras, transformando visitantes en *leads* o clientes.

Continúa en página siguiente >>

<< Viene de página anterior

> **Mejora del diseño web**
> - El diseño no debe basarse únicamente en intuiciones. Desde cambios sutiles (como el color de un botón) hasta rediseños más complejos, todas las decisiones deben estar respaldadas por pruebas reales y resultados cuantificables.
> - El objetivo es llegar a una versión del sitio o correo que maximice la usabilidad, la conversión y la satisfacción del usuario.

 PARA SABER MÁS

En la siguiente guía sobre A/B *testing* se explican los procedimientos clave y se incluyen ejemplos prácticos para comprender mejor su aplicación.

Accede a la guía desde aquí:

https://redirectoronline.com/comm097po0106

6.2. Etapas de implementación de un proceso A/B *testing*

Al implantar un test A/B se deben respetar una serie de etapas definidas. Es fundamental tener en cuenta que un error en cualquiera de ellas puede afectar negativamente a las siguientes, lo que dará lugar a resultados poco fiables. En ese caso, será necesario repetir el proceso para obtener conclusiones válidas sobre las preferencias del público. Las **etapas** para llevar a cabo un test A/B de forma efectiva son:

➲ **Selección del componente que probar**. Identificación del elemento que se desea evaluar. Se puede experimentar con aspectos como:

◖ Asuntos del correo
◖ Llamadas a la acción (CTA)
◖ Colores o ubicación de botones
◖ Imágenes
◖ Diseño de formularios

Es importante no analizar los elementos de forma aislada, sino evaluar el impacto global del cambio en la experiencia del usuario y en los objetivos de la campaña.

➲ **Definición del objetivo y su medición.** Antes de iniciar la prueba, se debe establecer el resultado que se desea mejorar y cómo se va a medir. Ejemplos comunes de objetivos:

◖ Incrementar la tasa de clics en la CTA
◖ Aumentar la tasa de conversión
◖ Reducir el abandono de formularios
◖ Elevar la tasa de apertura

El objetivo debe ser específico, medible y relevante.

➲ **Creación de versiones: control y prueba**

◖ Versión A (control). Diseño original sin cambios.
◖ Versión B (prueba). Variante con una o varias modificaciones específicas.

Ambas versiones deben ser similares en estructura, cambiando solo el elemento que se quiere evaluar.

➲ **Desarrollo y lanzamiento de las versiones.** Diseñadas ambas versiones, se debe incorporar el contenido y la llamada a la acción correspondiente. Después, se lanzará la prueba simultáneamente para asegurar que las condiciones externas son similares para todos los usuarios.

➲ **Promoción de la prueba.** Para obtener resultados representativos, es necesario alcanzar una muestra significativa de usuarios.
La difusión del contenido debe ser de la forma habitual (*e-mail*, redes, sitio web) para obtener datos suficientes.

➲ **Recopilación de datos.** Una vez en marcha la prueba, se deben recopilar datos relevantes y fiables antes de sacar las conclusiones.
No hay que tomar decisiones prematuras: el volumen y la duración de la prueba deben ser suficientes para minimizar errores.

➲ **Análisis de resultados.** ¿Cuál generó más clics, conversiones o interacciones?
Hay que evaluar si la modificación implementada produjo una mejora estadísticamente significativa respecto a la versión original.

⊃ **Planificación de siguientes pruebas.** Si los resultados son satisfactorios, se puede adoptar la versión ganadora como definitiva.
Si se desea seguir optimizando, se identificará otro elemento para probar y se repetirá el proceso, aplicando lo aprendido en cada etapa.

6.3. Consejos para llevar a cabo pruebas A/B

Algunos **consejos** clave que pueden ayudar a sacar el máximo provecho de las pruebas A/B y aumentar su utilidad en las estrategias de *marketing* son:

⊃ **Uso de muestras representativas.** Los usuarios seleccionados para la prueba deben compartir características similares (segmento, comportamiento, etapa del embudo, etc.) para minimizar las variaciones externas y mejorar la fiabilidad de los resultados.
⊃ **Aumento del tamaño de la muestra.** Cuanto más amplia sea la muestra, mayor será la validez estadística de los resultados.
Las pruebas con pocos usuarios pueden arrojar conclusiones erróneas o poco representativas.
⊃ **No introducir múltiples cambios.** Es importante testear un solo elemento por prueba (por ejemplo, el asunto del correo o el color del botón). Incluir muchas modificaciones simultáneamente dificulta identificar la variable que produjo el cambio e invalida la prueba.
⊃ **Permitir que la prueba se complete.** No se debe finalizar una prueba antes de tiempo al ver una diferencia preliminar en los resultados.
La prueba se debe ejecutar hasta alcanzar un volumen suficiente de datos, para evitar la toma de decisiones precipitadas basadas en resultados parciales.
⊃ **Repetir las pruebas.** El comportamiento del usuario puede cambiar con el tiempo. Para garantizar la consistencia, es recomendable repetir las pruebas con las mismas condiciones y en diferentes momentos, validando la solidez de los resultados obtenidos.
⊃ **Uso de herramientas especializadas.** Se recomienda el uso de plataformas que gestionan pruebas A/B, ya que automatizan el proceso de muestreo, seguimiento y análisis.
Hay que asegurarse de configurar correctamente la herramienta para que los datos sean precisos y la segmentación adecuada.

PARA SABER MÁS

Conoce las distintas herramientas especializadas en la realización de pruebas A/B, ideales para optimizar campañas y mejorar resultados mediante la experimentación controlada. Accede desde aquí:

https://redirectoronline.com/comm097po0107

7. Tipos de estrategia

 ## HILO CONDUCTOR

Juan y María descubrirán que el *inbound marketing* ofrece diversas estrategias según el objetivo: atraer, convertir, cerrar o fidelizar. Aplicando acciones como el posicionamiento SEO, el contenido, los formularios, la automatización, el CRM o los programas de fidelización, podrán acompañar al cliente en cada etapa del recorrido y adaptar su estrategia a sus necesidades reales.

El *inbound marketing* se basa en atraer al cliente de forma no intrusiva, ofreciéndole contenido útil y relevante a lo largo de todo su proceso de compra. Esta metodología pone el foco en la creación del valor de un producto o servicio antes de venderlo, generando relaciones duraderas y de confianza con los usuarios.

Dentro del *inbound marketing,* existen diferentes tipos de estrategias, cada una adaptada a una fase específica del recorrido del cliente (atraer, convertir, cerrar y fidelizar). A continuación, se analizarán las principales estrategias que pueden implementarse en cada etapa para lograr una experiencia completa y efectiva.

7.1. *Marketing* de contenidos

Dentro de una estrategia de *inbound marketing,* el *marketing* de contenidos juega un papel fundamental. Se trata de crear, distribuir y optimizar contenidos valiosos y relevantes que respondan a las necesidades e intereses del público objetivo. El objetivo no es solo atraer visitantes, sino también convertirlos en clientes y fidelizarlos a través de una experiencia útil y significativa.

Esta disciplina permite posicionar a la marca como una fuente confiable de información, generar tráfico cualificado y fortalecer la relación con los usuarios en cada etapa del embudo de conversión.

Los principales **tipos de contenido** utilizados en una estrategia de *inbound marketing* son:

Artículos de blog
- Son uno de los pilares del *marketing* de contenidos. Permiten atraer tráfico orgánico a través del posicionamiento SEO y ofrecer información útil que resuelva dudas o necesidades del público objetivo.

Guías y *e-books*
- Se utilizan como contenido de valor en etapas más avanzadas del embudo. Suelen descargarse a cambio de los datos de contacto del usuario, ayudando a generar *leads* cualificados.

Infografías
- Son recursos visuales que resumen información compleja de manera clara y atractiva. Son ideales para compartir en redes sociales y mejorar la comprensión de conceptos clave.

Vídeos
- Cada vez más utilizados por su capacidad de captar la atención. Se pueden emplear para explicar productos, mostrar casos de éxito o reforzar el *storytelling* de la marca.

Continúa en página siguiente >>

<< Viene de página anterior

Webinars y pódcast
- Favorecen la interacción directa con la audiencia y permiten posicionar la marca como experta en su sector. También ayudan a fidelizar al público mediante contenido educativo.

Newsletters e-mail marketing
- Canal directo de comunicación con usuarios que ya han mostrado interés. Permiten nutrir la relación con contenido personalizado y relevante según su etapa en el embudo.

Publicaciones en redes sociales
- Complementan los contenidos más extensos, generan comunidad y ayudan a amplificar el alcance del mensaje.

 **VÍDEO**

En el siguiente vídeo de Ciberclick se muestran diez casos de éxito reales en los que aplicaron técnicas de atracción, conversión y fidelización con resultados sorprendentes. Accede al vídeo desde aquí:

https://redirectoronline.com/comm097po0108

7.2. SEO (optimización para motores de búsqueda)

En una estrategia de *inbound marketing*, el SEO (*Search Engine Optimization*) es crucial para atraer tráfico orgánico. Optimizar el contenido y la estructura del sitio web para mejorar su visibilidad en los motores de búsqueda como

Google, facilita que los usuarios encuentren la marca al buscar información relacionada.

Una estrategia SEO eficaz no solo aumenta la presencia *online,* sino que también mejora la experiencia del usuario, incrementa la credibilidad de la marca y genera oportunidades de negocio. Se pueden diferenciar tres **modelos de optimización:**

SEO *on page*	- El SEO *on page* se refiere a la optimización de todos los elementos internos del sitio web que influyen en su posicionamiento en los motores de búsqueda. Esto incluye el uso adecuado de palabras clave, la optimización de títulos, metadescripciones, encabezados (H1, H2...), estructura de URL, enlazado interno y la calidad del contenido. Un contenido bien estructurado y relevante no solo mejora la visibilidad, sino que también aporta valor al usuario, alineándose con los principios del *inbound marketing.*
SEO *off page*	- El SEO *off page* abarca todas las acciones externas al sitio web que contribuyen a mejorar su autoridad y relevancia. La principal técnica es la obtención de enlaces de calidad *(backlinks)* desde otros sitios web, lo cual indica a los motores de búsqueda que el contenido es valioso y confiable. Además, las menciones en redes sociales y en otros medios digitales también refuerzan la estrategia. Una buena reputación digital mejora el posicionamiento y potencia el alcance del contenido *inbound.*
SEO técnico	- El SEO técnico se centra en los aspectos más estructurales del sitio web, garantizando que este sea accesible, rápido y fácilmente indexable por los motores de búsqueda. Elementos como la velocidad de carga, la adaptabilidad a dispositivos móviles *(responsive design),* la arquitectura web, los sitemaps y el uso correcto de etiquetas como robots.txt son fundamentales. Una base técnica sólida mejora la experiencia del usuario y asegura que todo el contenido creado dentro de una estrategia *inbound* pueda ser encontrado y rastreado con eficacia.

7.3. *E-mail marketing*

El *e-mail marketing* es una de las herramientas más eficaces dentro de una estrategia de *inbound marketing,* ya que permite mantener una comunicación directa, personalizada y segmentada con los usuarios a lo largo de todo el embudo de conversión.

Lejos de ser un canal obsoleto, el correo electrónico sigue siendo clave para nutrir relaciones con los *leads,* ofrecer contenido de valor, impulsar la conversión y fomentar la fidelización. A continuación, se analizará cómo utilizar el *e-mail marketing* de forma estratégica dentro del marco del *inbound marketing,* así como sus ventajas y buenas prácticas.

 **APLICACIÓN PRÁCTICA**

Lucía está optimizando el sitio web de su tienda *online.* Ha mejorado los títulos, las metadescripciones y la estructura de encabezados en cada página, pero su equipo le menciona que aún faltan acciones de SEO técnico y *off page* para mejorar el posicionamiento. Lucía no comprende bien la diferencia entre estas áreas.

¿Cuál de las siguientes afirmaciones describe correctamente el SEO *on page?*

- **Consiste en publicar anuncios pagados para mejorar temporalmente el posicionamiento de la página en los resultados de búsqueda.**
- **Es la optimización de elementos internos del sitio web, como contenidos, etiquetas HTML y estructura, para mejorar su relevancia y la experiencia de usuario.**
- **Se refiere a la configuración técnica del servidor, la velocidad de carga y la indexabilidad del sitio, que afectan directamente a la forma en que los motores de búsqueda lo interpretan.**
- **Son acciones externas al sitio web, como enlaces entrantes *(backlinks)* desde otros dominios, que mejoran la autoridad y la visibilidad en buscadores.**

Solución

El SEO *on page* incluye todas las mejoras que se realizan dentro del sitio web para que los motores de búsqueda lo consideren relevante y útil. Esto abarca desde el contenido y el uso adecuado de palabras clave hasta aspectos técnicos como encabezados, metaetiquetas y enlaces internos.

7.4. *Lead nurturing* y automatización del *marketing*

Dentro de una estrategia de *inbound marketing,* captar *leads* es solo el primer paso. Para convertir esos contactos en clientes, es fundamental establecer una relación continua y personalizada con ellos. Es aquí donde entran en juego el *lead nurturing* y la automatización del *marketing.*

El *lead nurturing* consiste en acompañar al usuario durante todo su proceso de decisión, ofreciéndole contenido relevante según su etapa en el embudo de conversión. Por su parte, la automatización del *marketing* permite gestionar esta comunicación de forma eficiente, personalizada y escalable, gracias al uso de herramientas tecnológicas.

7.5. *Social media marketing*

Las redes sociales juegan un papel fundamental dentro de la estrategia de *inbound marketing,* ya que permiten establecer una comunicación directa, cercana y bidireccional con el público objetivo. A través del *social media marketing* (SMM), las marcas pueden compartir contenido de valor, generar comunidad, aumentar su visibilidad y atraer tráfico cualificado hacia sus canales digitales.

Además de servir como canales de distribución de contenidos, las redes sociales permiten escuchar activamente a los usuarios, conocer sus necesidades y responder en tiempo real, lo que refuerza la confianza y mejora la experiencia del cliente.

7.6. A/B *testing* y optimización

La mejora continua es clave para lograr resultados efectivos y sostenibles. El A/B *testing* se presenta como una herramienta fundamental para comparar versiones de un mismo elemento (como un asunto de *e-mail,* una llamada a la acción o una *landing page*) y determinar cuál genera un mejor rendimiento.

A través de la optimización basada en los datos, es posible ajustar los contenidos, los canales y los formatos utilizados, mejorando la experiencia del usuario y aumentando las tasas de conversión.

RECUERDA

El *inbound marketing* no es una acción única, sino que es una metodología integral que agrupa diferentes estrategias orientadas a atraer, convertir, cerrar y fidelizar a los clientes a través de contenido útil, personalizado y no intrusivo.

7.7. *Flywheel*: la nueva forma de entender el embudo

Tradicionalmente, el embudo de conversión ha sido el modelo más utilizado en las estrategias de *inbound marketing* para representar el recorrido del cliente desde el primer contacto hasta la compra. Sin embargo, en los últimos años ha surgido un nuevo enfoque que busca corregir algunas de sus limitaciones: el modelo *flywheel*.

El modelo *flywheel* propone una visión más dinámica y centrada en el cliente, donde la fidelización y la satisfacción juegan un papel clave en el crecimiento continuo de la empresa. En este apartado, exploraremos en qué consiste este modelo, cómo se diferencia del embudo tradicional y por qué se ha convertido en una pieza fundamental dentro de las estrategias modernas de *inbound marketing*.

IMPORTANTE

El éxito del *inbound marketing* no radica en aplicar una sola estrategia, sino en integrar múltiples acciones coordinadas que acompañen al usuario a lo largo de todo su proceso de compra y fidelización. El contenido, la automatización, la analítica y la personalización son los pilares que sustentan esta metodología centrada en el cliente.

8. *Newsletter* y blog

☞ HILO CONDUCTOR

Juan y María integrarán el blog y la *newsletter* para potenciar su estrategia digital. Usarán el blog para generar contenido útil y atraer tráfico, y el boletín como canal directo para mantener el vínculo con sus suscriptores. Al combinarlos, mantendrán informada a su audiencia y fortalecerán la confianza en su trabajo de forma efectiva.

- -

Dentro de una estrategia de *inbound marketing,* los blogs y las *newsletters* juegan un papel fundamental en la generación y el mantenimiento del interés del público objetivo. Ambas herramientas permiten ofrecer contenido de valor de forma constante, posicionando la marca como una fuente de información confiable y relevante.

Mientras que el blog contribuye al posicionamiento orgánico (SEO) y a la atracción de tráfico cualificado al sitio web, el boletín permite mantener una relación directa y personalizada con los usuarios, acompañándolos a lo largo del proceso de decisión.

8.1. *Newsletter* (boletín informativo)

Dentro de una estrategia de *inbound marketing,* la *newsletter* se posiciona como una herramienta clave para mantener una comunicación constante, directa y personalizada con los usuarios. A través del envío periódico de contenidos relevantes, la *newsletter* permite nutrir la relación con los suscriptores, mantener su interés en la marca y acompañarlos a lo largo de su proceso de compra.

VÍDEO

Aprende cómo funciona una *newsletter* desde la inscripción de los suscriptores hasta el envío de los boletines con noticias, actualizaciones y promociones,

Continúa en página siguiente >>

<< Viene de página anterior

utilizando herramientas gratuitas como Brevo y MailerLite, visualizando el siguiente vídeo. Accede desde aquí:

https://redirectoronline.com/comm097po0109

Además de fomentar la fidelización, esta herramienta contribuye a reforzar la autoridad de la empresa en su sector, aumentando el tráfico hacia el sitio web y generando oportunidades de conversión.

 IMPORTANTE

Implementar un boletín de forma efectiva no solo implica el envío regular de correos, sino también una planificación estratégica que tenga en cuenta el contenido, el diseño, la segmentación y el análisis de los resultados.

8.2. Blog

El blog es una de las herramientas más eficaces para atraer tráfico cualificado y generar interés en torno a la marca. Publicar contenido útil, relevante y adaptado a las necesidades del público objetivo permite captar la atención de potenciales clientes y posicionar la empresa como una fuente confiable de información en su sector.

Además de mejorar el posicionamiento orgánico en los buscadores, el blog facilita la generación de *leads* al incluir elementos como llamadas a la acción (CTA), formularios o enlaces a contenidos descargables. Todo ello contribuye a guiar al usuario a lo largo del recorrido de compra, desde el descubrimiento hasta la conversión.

Hay que destacar los siguientes **aspectos clave** para maximizar el impacto de un blog en una estrategia de *inbound marketing:*

- **Conocer al público objetivo:** es fundamental definir claramente a quién va dirigido el contenido. Conocer sus intereses, necesidades, problemas y etapas del proceso de compra permitirá crear publicaciones más relevantes y efectivas.
- **Ofrecer contenido de valor:** el blog debe centrarse en resolver dudas, aportar soluciones y educar al lector. Cuanto más útil sea el contenido, mayor será la probabilidad de atraer y retener a los usuarios.
- **Optimización SEO:** utilizar palabras clave adecuadas, estructurar correctamente el contenido (títulos, subtítulos, metaetiquetas) y cuidar la legibilidad ayudará a mejorar el posicionamiento en buscadores y aumentar la visibilidad del blog.
- **Frecuencia y consistencia en las publicaciones:** mantener una frecuencia regular y una línea editorial coherente refuerza la imagen de la marca y fomenta el hábito de lectura entre los usuarios.
- **Incluir llamadas a la acción (CTA):** cada publicación debe tener un propósito claro, como descargar un recurso, suscribirse a la *newsletter* o solicitar más información. Las CTA guían al usuario hacia la conversión.
- **Difusión del contenido:** compartir las entradas del blog a través de redes sociales, *newsletter* o campañas de *e-mail marketing* amplifica su alcance y genera mayor tráfico.
- **Medición y análisis:** monitorizar métricas como el tráfico, la tasa de conversión, el tiempo de permanencia o los clics en las CTA permite evaluar el rendimiento del blog y optimizar la estrategia de contenido de forma continua.

 PARA SABER MÁS

En la siguiente publicación de la empresa Hostinger, puedes acceder a 55 ejemplos de blogs populares organizados por sectores. Accede desde aquí:

https://redirectoronline.com/comm097po0110

9. Curación de contenidos

👉 HILO CONDUCTOR

Para aportar valor de forma constante, Juan y María deben integrar la curación de contenidos en su estrategia *inbound*. Deben seleccionar recursos de calidad y acompañarlos con su propio análisis, mostrando criterio y compromiso con su audiencia. Así, ahorrarán tiempo, enriquecerán sus canales y se posicionarán como referentes en su sector.

La curación de contenidos es el proceso mediante el cual se busca, selecciona, filtra, organiza y comparte información relevante y de calidad que proviene de fuentes externas, con el objetivo de ofrecer valor añadido a una audiencia específica. A diferencia de la creación de contenido original, la curación implica trabajar con materiales existentes, aportando un enfoque propio, contexto o interpretación que enriquezca la información compartida.

La curación de contenidos trabaja con distintas fuentes de datos para generar posteriormente contenidos propios.

Este proceso no se limita a recopilar enlaces simplemente; implica evaluar críticamente el contenido, adaptarlo al público objetivo y presentarlo de una forma coherente y alineada con los objetivos de *marketing* de la empresa.

La curación de contenidos aporta múltiples beneficios dentro de una estrategia de *inbound marketing*, entre los que destacan:

Aporta valor constante a la audiencia
- Permite mantener una presencia activa y útil, incluso cuando no se dispone de tiempo o recursos para generar contenido propio de forma constante.

Refuerza el posicionamiento de marca
- Compartir contenido relevante y actual demuestra conocimiento del sector y posiciona la empresa como una fuente confiable de información.

Ahorra tiempo y recursos
- Es más eficiente que crear contenido desde cero y permite mantener la estrategia de contenidos en marcha sin comprometer la calidad.

Fomenta la interacción
- El contenido curado bien seleccionado suele generar interés, compartirlo puede aumentar la visibilidad y facilitar la conversación con la audiencia.

Complementa el contenido propio
- Puede ser una excelente forma de apoyar, enriquecer o actualizar los contenidos originales ya creados.

Para integrar la curación de contenidos de manera efectiva dentro de una estrategia *inbound,* es recomendable seguir estos pasos:

Definir los objetivos y el público objetivo
- Antes de seleccionar contenido, es fundamental saber a quién se dirige y qué objetivos se buscan (informar, educar, entretener, fidelizar, etc.).

Seleccionar fuentes confiables
- Las fuentes deben ser de calidad, actualizadas y con credibilidad en el sector. Herramientas como *Feedly, Pocket, Flipboard* o *Google Alerts* pueden ayudar a recopilar contenido relevante.

Filtrar y evaluar el contenido
- No todo es útil. Se deben seleccionar solo aquellos artículos, vídeos, informes o publicaciones que realmente aporten valor y estén alineados con la estrategia.

Continúa en página siguiente >>

<< *Viene de página anterior*

Agregar valor propio
- No hay que limitarse a compartir un enlace.
  Incorporar un comentario, un análisis, un resumen
  o una interpretación enriquecerá el contenido y
  reflejará la voz de la marca.

Organizar y planificar la publicación
- Integrar el contenido curado en el calendario
  editorial. Alternarlo con contenido propio ayuda a
  mantener una estrategia equilibrada y coherente.

Medir los resultados
- No hay que olvidarse de analizar el rendimiento del
  contenido curado (interacciones, clics, compartidos,
  tiempo de lectura, etc.) para saber qué tipo de
  información interesa más a la audiencia.

 **VÍDEO**

En el siguiente vídeo, Josep Deulofeu muestra cómo hacer una curación de contenidos basándose en un caso real. Accede al vídeo desde aquí:

https://redirectoronline.com/comm097po0111

La curación de contenidos, bien ejecutada, no solo mantiene la estrategia de *inbound marketing* activa y dinámica, sino que también fortalece la autoridad de la marca, genera confianza y mejora la relación con la comunidad digital de la empresa.

La curación de contenidos no sustituye a la creación original, pero la complementa de forma estratégica. Bien aplicada, puede mantener activa la comunicación, enriquecer tu propuesta de valor y fortalecer tu posicionamiento como marca experta y confiable.

10. *Storytelling*

👉 HILO CONDUCTOR

Juan y María incorporarán el *storytelling* en su estrategia al darse cuenta de que una historia bien contada conecta mejor que los datos. A través de relatos con propósito, pueden transmitir sus valores, generarán empatía y harán que sus mensajes sean más recordados. Para ellos, contar historias debe ser una forma de construir vínculos reales y humanos con su audiencia.

- -

El *storytelling* es una técnica de comunicación que consiste en contar historias para conectar emocionalmente con la audiencia. En el contexto del *inbound marketing,* el *storytelling* permite humanizar la marca, generar empatía y hacer que los mensajes sean más memorables y persuasivos.

Dentro de una estrategia de *inbound marketing,* el *storytelling* se ha convertido en una herramienta clave para conectar emocionalmente con el público. No se trata solo de comunicar información, sino de contar historias que inspiren, humanicen la marca y generen un vínculo auténtico con los usuarios.

A través del *storytelling,* las empresas pueden transmitir sus valores, mostrar el propósito que las mueve y crear una narrativa coherente en cada etapa del recorrido del cliente. A continuación, exploraremos cómo aplicar esta técnica de forma efectiva dentro de una estrategia *inbound* para atraer, convertir y fidelizar a los clientes.

Para que el *storytelling* sea realmente efectivo dentro de una estrategia de *inbound marketing,* es fundamental seguir una serie de **buenas prácticas** que aseguren una conexión real con la audiencia y refuercen los objetivos de la marca:

- ➲ **Conoce a la audiencia.** Antes de contar una historia, hay que saber a quién se le está contando. Comprender los intereses, las necesidades, los valores y las preocupaciones del público objetivo es clave para construir un relato que resuene con ellos.
- ➲ **Define el propósito de la historia.** Toda historia debe tener un objetivo claro: inspirar, educar, emocionar, generar confianza o reforzar la identidad de marca. La narrativa debe estar alineada con los valores de la empresa y el momento del recorrido del cliente.

- **Crea personajes con los que se puedan identificar.** Ya sea un cliente, un empleado o la propia marca como protagonista, los personajes deben ser cercanos, auténticos y reflejar situaciones reales que el público pueda reconocer.
- **Muestra conflictos y soluciones.** Toda buena historia tiene un desafío que superar. Presentar un problema y cómo se resuelve ayuda a mostrar el valor de los productos o servicios de forma natural, sin necesidad de un enfoque comercial directo.
- **Utiliza un lenguaje emocional y auténtico.** El *storytelling* busca emocionar por lo que usar un tono humano, cercano y evitar tecnicismos innecesarios aumentará el impacto de la historia.
- **Adapta el formato al canal.** Una historia puede contarse en texto, vídeo, audio o imagen. Se debe seleccionar el formato más adecuado para cada canal (blog, redes sociales, *e-mail*, etc.) y mantener la coherencia en todos los puntos de contacto.
- **Incluye una llamada a la acción (CTA).** Aunque el *storytelling* no es publicidad directa, puede y debe conducir al usuario hacia un siguiente paso (leer más, suscribirse, descargar un recurso, etc.).

El *storytelling* se ha convertido en una herramienta esencial dentro de las estrategias de *inbound marketing*, ya que permite conectar emocionalmente con la audiencia y construir relaciones duraderas. Muchas marcas reconocidas han sabido aprovechar esta técnica para contar historias auténticas que reflejan sus valores, inspiran a sus clientes y fortalecen su identidad.

 PARA SABER MÁS

Victoria Salemi, en el blog de tiendanube, tiene publicada una entrada en la que se aborda el *storytelling* y por qué es importante para una marca.

Accede a la publicación desde aquí:

https://redirectoronline.com/comm097po0112

10.1. Elementos de una buena historia de marca

Contar una historia de marca efectiva no se trata solo de relatar hechos, sino de construir una narrativa que conecte emocionalmente con el público, refleje la identidad de la empresa y genere confianza. Una buena historia de marca debe inspirar, diferenciar y dejar una huella en la mente del consumidor.

Para lograrlo, es fundamental incorporar ciertos elementos clave que hacen que la historia sea coherente, auténtica y memorable. Algunos de los **componentes** esenciales que debe tener toda historia de marca para lograr un impacto real son:

- **Propósito claro.** Toda historia de marca debe comenzar con un porqué. Es decir, el propósito que impulsa a la empresa más allá de vender un producto o servicio. Este propósito conecta con los valores del público y da sentido a la narrativa.
- **Personaje principal identificable.** La marca debe tener un protagonista claro: puede ser el cliente, un empleado, el fundador o incluso la propia marca personificada. Lo importante es que el público se vea reflejado en él y pueda empatizar con su experiencia.
- **Conflicto o desafío.** Una historia sin conflicto carece de interés. Mostrar los desafíos, obstáculos o necesidades que se han enfrentado permite generar tensión narrativa y, al mismo tiempo, destacar la solución que ofrece la marca.
- **Transformación o resolución.** La historia debe mostrar una evolución. Ya sea una mejora personal, empresarial o social, el cambio es lo que da sentido al relato. Aquí es donde se demuestra el impacto real que tiene la marca.
- **Autenticidad.** Las historias deben ser genuinas. La audiencia valora la honestidad y rechaza lo que percibe como artificial o forzado. Mostrar vulnerabilidad o errores superados también puede fortalecer la credibilidad.
- **Emoción.** Las emociones son el puente más poderoso para conectar con la audiencia. Una historia que provoca alegría, empatía, sorpresa o inspiración será más memorable y compartible.
- **Coherencia con la marca.** La historia debe estar alineada con la identidad, el tono y los valores de la marca. Todo lo que se cuente debe reforzar lo que la empresa representa y ser consistente con su comunicación general.
- **Llamada a la acción (CTA).** Aunque el foco no sea vender de forma directa, una buena historia de marca suele incluir un sutil llamado a la acción, que puede ser desde conocer más sobre la empresa hasta unirse a una causa o probar un producto.

11. Qué es y qué aporta un blog

 HILO CONDUCTOR

Juan y María reconocerán el blog como una herramienta estratégica para atraer tráfico, educar a su audiencia y generar confianza. Al mantenerlo activo, mejorarán su posicionamiento en buscadores, nutrirán otros canales como las redes sociales y las *newsletters,* y responderán dudas frecuentes. Así, convertirán su sitio web en una fuente constante de valor y fortalecerán su presencia digital.

El blog es una herramienta fundamental dentro de cualquier estrategia de *inbound marketing.* Se trata de un espacio digital donde una marca publica contenido de valor orientado a resolver dudas, educar, informar o inspirar a su audiencia objetivo.

A través de publicaciones útiles, relevantes y optimizadas para buscadores, un blog permite acompañar al usuario en cada fase del embudo de conversión, desde el descubrimiento hasta la fidelización. En este apartado, exploraremos qué es exactamente un blog en este contexto y qué valor aporta a una estrategia de *inbound marketing* bien estructurada.

Más allá de ser un simple contenedor de artículos, el blog es un canal estratégico que impulsa el posicionamiento *online,* la generación de tráfico cualificado y la conversión de visitantes en *leads.*

RECUERDA

En el *inbound marketing,* la función del blog no es solo informar, sino atraer tráfico cualificado, resolver dudas, posicionar la marca y guiar a los usuarios en su recorrido como potenciales clientes.

11.1. Funciones clave del blog en una estrategia *inbound*

Dentro del enfoque del *inbound marketing,* el blog no solo cumple una función informativa, sino que actúa como un eje central para atraer, educar, convertir y fidelizar a los usuarios. A través de contenido útil y estratégico, el blog se convierte en una herramienta de alto valor para conectar con el público objetivo y guiarlo a lo largo del embudo de conversión.

A continuación, se detallan las principales **funciones** que cumple un blog dentro de una estrategia de *inbound marketing* bien estructurada:

Atracción de tráfico orgánico	- El blog atrae visitas de manera natural. Gracias al SEO, se mejora el posicionamiento en los buscadores. Al responder a las preguntas frecuentes o resolver los problemas, los artículos captan la atención de nuevos usuarios, generando contactos sin publicidad pagada.
Generación de confianza	- Publicar contenido de calidad de forma constante posiciona la empresa como experta, generando confianza. Unos contenidos útiles y actualizados convierten el blog en un referente, aumentando las conversiones y la fidelización.
Educación del cliente	- El *inbound marketing* se basa en ofrecer valor antes de vender. Un blog informa y educa al usuario sobre temas del sector, preparándole para tomar mejores decisiones y creando una percepción positiva de la marca.
Conversión	- El blog debe convertir las visitas en oportunidades de negocio. Esto se logra con llamadas a la acción (CTA) estratégicas, como descargar contenido *premium*, suscribirse al boletín o solicitar una demo. Estos elementos transforman al lector anónimo en un *lead* identificado.
Fidelización	- Una vez que el usuario se ha convertido en cliente, el blog sigue siendo útil para mantener su interés. Con contenido valioso sobre el uso del producto, novedades y soluciones complementarias, el blog refuerza la relación y fomenta la fidelización.

11.2. Buenas prácticas para un blog efectivo

Para que un blog funcione como una herramienta estratégica dentro del *inbound marketing,* no basta con publicar contenido de forma habitual. Es necesario seguir una serie de buenas prácticas que aseguren la calidad, la relevancia y la eficacia del contenido publicado. Estas prácticas contribuyen no solo a atraer más visitas, sino también a generar *engagement,* posicionarse mejor en los buscadores y fomentar la conversión.

Algunas de las **claves** para gestionar un blog de manera efectiva son:

- **Publicar con regularidad y consistencia.** Establecer un calendario editorial y cumplirlo ayuda a mantener una presencia constante y genera confianza en los lectores. La frecuencia ideal dependerá del sector y los recursos disponibles, pero debe ser sostenible en el tiempo.
- **Enfocar el contenido en el *buyer* persona.** Es fundamental conocer bien al público objetivo para crear contenido que responda a sus intereses, necesidades y problemas. Esto aumenta la probabilidad de atraer visitantes realmente interesados y convertirlos en *leads.*
- **Optimizar para SEO.** Cada entrada debe estar pensada para posicionarse en los buscadores. Esto implica usar palabras clave relevantes, estructurar bien los encabezados (H1, H2, H3...), cuidar las metadescripciones, los enlaces internos y la velocidad de carga.
- **Utilizar recursos visuales.** Las imágenes, las infografías, los vídeos y los gráficos no solo hacen el contenido más atractivo, sino que también mejoran la comprensión y el tiempo de permanencia en la página. Estos elementos visuales deben estar alineados con el mensaje y aportar valor.
- **Incluir llamadas a la acción (CTA).** Cada artículo debe tener un objetivo claro: suscripción, descarga, contacto, etc. Las llamadas a la acción deben estar integradas de forma natural para guiar al lector hacia el siguiente paso dentro del embudo de conversión.
- **Revisar y actualizar contenidos antiguos.** Un blog no debe ser estático. Revisar periódicamente los artículos antiguos para actualizarlos o mejorarlos permite mantener el contenido relevante, reforzar el SEO y prolongar la vida útil de cada publicación.

12. Mi primer blog

☞ HILO CONDUCTOR

Tras días de planificación, Juan y María publicarán su primer artículo en el blog, eligiendo un tema cercano a las dudas de sus clientes. A pesar de la inseguridad inicial, comparten el contenido en redes y en su boletín, obteniendo una respuesta positiva. Esta experiencia les confirmará que el blog no solo informa, sino que también fortalece su marca y genera conexión con su audiencia.

Iniciar un blog es uno de los pilares fundamentales de cualquier estrategia de *inbound marketing*. No se trata solo de escribir por escribir, sino de crear contenido valioso que conecte con las necesidades del público objetivo, posicione la marca y la ayude a convertir visitantes en clientes.

Con una estrategia bien definida desde el inicio, el blog no solo atraerá tráfico cualificado, sino que se convertirá en una herramienta clave para generar confianza y fidelización.

Es habitual que cuando se comienza con la publicación de un blog existan dudas acerca de por dónde empezar, por lo que a continuación se muestran los pasos que seguir si se desea cuidar todo el proceso: desde la planificación inicial hasta la publicación y promoción del primer artículo.

ACTIVIDAD COMPLEMENTARIA

2. Investiga acerca de las distintas herramientas disponibles en el mercado para crear un blog empresarial, analizando sus ventajas e inconvenientes.

13. Diseño y plantillas

☞ HILO CONDUCTOR

Juan y María saben que el diseño visual es clave para que su estrategia *inbound* sea efectiva. Más allá del contenido, buscan que todo sea claro, atractivo y coherente con la marca, por lo que usan plantillas profesionales para sus comunicaciones. Esto les ahorra tiempo, refuerza su imagen y mejora la experiencia del usuario, convirtiendo el diseño en un recurso estratégico, no solo estético.

- -

En toda estrategia de *inbound marketing*, el diseño, además de cumplir una función estética, también tiene una función estratégica. La presentación visual del contenido influye directamente en la experiencia del usuario, en su permanencia en el sitio y en la percepción que tiene de la marca. Un diseño limpio, coherente y bien estructurado mejora la navegación, refuerza la identidad visual y facilita la conversión.

Además, el uso de plantillas se ha convertido en una práctica habitual para optimizar los tiempos de trabajo, mantener la consistencia y agilizar la generación de los contenidos. Ya sea para correos o libros electrónicos, páginas de aterrizaje o blogs, utilizar plantillas diseñadas correctamente permite centrar los esfuerzos en el mensaje sin descuidar la apariencia y la funcionalidad.

13.1. Tipos de plantillas que se pueden utilizar

Según el canal y el objetivo marcado, se pueden utilizar distintos tipos de plantillas: desde correos electrónicos automatizados hasta páginas de aterrizaje, publicaciones de blog o materiales descargables. Los **tipos de plantillas** más utilizados y su función dentro del proceso de captación y conversión de clientes son los siguientes:

- ⊃ **Plantillas para *e-mail marketing*.** Las plantillas facilitan la creación de mensajes consistentes y alineados con la identidad de la marca:

  - ◡ Estructura clara con jerarquía visual.
  - ◡ Diseño responsive para móviles y tabletas.

◑ Estilo visual alineado con la identidad corporativa.
◑ Elementos personalizables (nombre, empresa, historial del usuario).

➲ **Plantillas para publicaciones de blog.** Las plantillas ayudan a mantener uniformidad en la estructura y el estilo de cada publicación:

◑ Encabezado con título y subtítulo optimizados para SEO.
◑ Estructura de secciones con subtítulos (H2, H3).
◑ Zonas para imágenes destacadas, gráficos o citas.
◑ CTA al final del artículo.

➲ **Plantillas para *landing pages* (páginas de aterrizaje).** Las plantillas deben centrarse en eliminar distracciones y guiar al usuario hacia una única acción:

◑ Encabezado claro y directo con valor diferencial.
◑ Formulario de contacto o registro visible y simple.
◑ Elementos visuales de apoyo (imágenes, vídeos, iconos).
◑ Testimonios, beneficios y CTA destacada.

➲ **Plantillas para contenidos descargables** *(e-books,* guías, *checklists).* Las plantillas permiten crear documentos visuales y profesionales de forma rápida y coherente:

◑ Portada atractiva con título claro y visual alineado con la marca.
◑ Índice de contenidos con navegación visual clara.
◑ Secciones con subtítulos, bloques de texto breves y elementos gráficos.
◑ Última página con CTA o propuesta de siguiente paso.

13.2. Consejos para usar plantillas de forma efectiva

El uso de plantillas en una estrategia de *inbound marketing* aporta múltiples beneficios: ahorro de tiempo, coherencia visual, eficiencia en la producción de contenido y una imagen profesional. Sin embargo, para que realmente cumplan su función, es importante utilizarlas de manera estratégica. Algunos **consejos clave** para sacarles el máximo partido son:

➲ **Personalizar sin perder coherencia.** Aunque las plantillas ofrecen una base sólida, hay que evitar que todo el contenido se vea igual, por lo que se deben ajustar los colores, las imágenes, los textos o los elementos gráficos según el mensaje, manteniendo siempre la identidad visual de la marca.

- **Adaptar la plantilla al canal y al objetivo.** No se debe usar la misma estructura para todo. Una plantilla de *e-mail* tiene un propósito diferente que la del blog o una *landing page*. Cada plantilla debe responder al objetivo concreto de la pieza de contenido.
- **Revisar la usabilidad en todos los dispositivos.** Antes de publicar, hay que asegurarse de que la plantilla se visualiza correctamente en los móviles, las tabletas y los ordenadores. Un buen diseño debe ser *responsive* y ofrecer una experiencia fluida en cualquier formato.
- **Optimizar para la conversión.** Las llamadas a la acción (CTA) deben estar ubicadas y visibles, asegurando que cada plantilla guía al usuario hacia una acción concreta: descargar, registrarse, suscribirse o contactar.
- **Biblioteca de plantillas organizadas.** Las plantillas se deben organizar en carpetas por tipo *(e-mail,* blog, redes sociales, descargables, etc.) y con versiones adaptadas a distintas campañas o públicos. Esto facilitará su reutilización y adaptabilidad.
- **Medir y ajustar resultados.** No todas las plantillas funcionan igual. Se debe analizar qué diseños tienen mejores tasas de conversión, más clics o mayor retención, y ajustar las que no cumplan su propósito.

14. Cómo destacarlo en la web: herramientas

👉 HILO CONDUCTOR

Juan y María necesitan herramientas que los ayuden a destacar contenido clave en su sitio web sin afectar a la experiencia del usuario. Pueden apoyarse en elementos como *banners, pop-ups* y botones estratégicos, además de mapas de calor y análisis web para identificar qué secciones atraen más atención. Con esta información, pueden optimizar la estructura de su página para que los mensajes importantes lleguen de forma clara y efectiva a su audiencia.

Crear contenido valioso y relevante es un paso fundamental en cualquier estrategia de *inbound marketing,* pero no es suficiente por sí solo. En un entorno digital cada vez más competitivo, donde los usuarios reciben cientos de estímulos informativos al día, lograr que el contenido sea visible, accesible y atractivo se convierte en un reto esencial.

Destacar el contenido en el sitio web no solo mejora la experiencia del usuario, sino que también aumenta el tiempo de permanencia, reduce la tasa de rebote y potencia las conversiones. Para conseguirlo, es necesario utilizar herramientas que permitan resaltar estratégicamente los contenidos clave, ya sea a través de *banners,* ventanas emergentes, llamadas a la acción (CTA), elementos visuales o secciones dinámicas.

Destacar el contenido no significa generar mensajes llamativos, sino mensajes interesantes para los seguidores.

Además, una buena visibilidad del contenido contribuye a reforzar la identidad de marca, a orientar al visitante en su recorrido dentro del sitio web y a facilitarle que encuentre exactamente lo que necesita en el momento oportuno.

14.1. Estrategias para destacar el contenido

Crear contenido útil y bien elaborado es solo una parte del trabajo. El verdadero reto comienza cuando se busca que ese contenido llegue a la audiencia adecuada y no pase desapercibido. En un entorno digital cada vez más competitivo, es fundamental implementar estrategias que hagan que las publicaciones capten la atención del cliente o visitante desde el primer momento.

Destacar el contenido no significa saturar la pantalla con mensajes llamativos, sino utilizar recursos inteligentes, visuales y funcionales que guíen al usuario de forma natural hacia la información más relevante. Esto implica trabajar tanto en la forma en la que se presenta el contenido como en los canales que se utilizan para distribuirlo.

RECUERDA

No basta con crear contenido: también hay que darle visibilidad estratégica en la web para captar la atención del usuario y acompañarlo en su recorrido de compra. Si se utilizan herramientas y elementos visuales, se puede transformar el sitio web en una máquina de conversión.

- -

15. Tipos de estrategia

HILO CONDUCTOR

Juan y María comprenderán que el *inbound marketing* ofrece distintas estrategias según el objetivo y la etapa del cliente en el embudo de ventas. Adaptarán sus acciones para atraer, convertir, cerrar o fidelizar, combinando tácticas como contenido educativo, *e-mail* segmentado, automatización, SEO y *lead scoring*. También aplicarán técnicas de fidelización, logrando así una estrategia integral que acompañe al cliente en todo su recorrido.

- -

El *inbound marketing* no es una táctica, sino que es un conjunto de estrategias integradas que trabajan en distintos momentos del recorrido del cliente. Desde la etapa de atracción de los visitantes hasta su conversión en clientes, sin olvidar su fidelización, cada etapa requiere un enfoque específico, adaptado a las necesidades reales del público objetivo.

Entender los distintos tipos de estrategia dentro del *inbound marketing* es esencial para planificar acciones efectivas y bien dirigidas. No todas las marcas tienen los mismos objetivos ni se dirigen al mismo tipo de cliente, por lo que identificar qué tipo de estrategia aplicar y cuándo aplicarla es un aspecto clave para optimizar los recursos y obtener mejores resultados.

Conocer las principales estrategias que conforman el *inbound marketing* atendiendo a su propósito: atraer, convertir, nutrir, cerrar ventas y fidelizar, permite diseñar un plan coherente y completo, alineado con los objetivos del negocio y el comportamiento de la audiencia. Estas **estrategias** son:

Estrategia de atracción
- Su objetivo es atraer tráfico cualificado hacia los canales digitales de la marca, especialmente al sitio web o blog.

Estrategia de conversión
- Esta estrategia busca convertir a los visitantes en *leads*, capturando su información de contacto mediante contenidos u ofertas de valor para construir una base de datos de contactos interesados para continuar la comunicación.

Estrategia de nutrición *(lead nurturing)*
- En esta etapa, el foco está en educar y acompañar al *lead* hasta que esté listo para comprar, utilizando contenido personalizado y automatizaciones, generando confianza y autoridad.

Estrategia de conversión a cliente
- Se centra en facilitar la toma de decisión del *lead* que ya está en fase de consideración o decisión con una experiencia positiva para el cliente.

Estrategia de fidelización y recomendación
- Una vez que el cliente ha comprado, se trabaja en mantenerlo fidelizado y convertirlo en un promotor de la marca para que repita la compra y genere recomendaciones orgánicas.

15.1. ¿Cómo elegir la estrategia adecuada?

Una estrategia de *inbound marketing* bien elegida puede marcar la diferencia entre una campaña que genera resultados reales y una que consume recursos sin impacto alguno. No todas las empresas tienen los mismos objetivos ni el mismo punto de partida, por lo que aplicar una fórmula genérica rara vez funciona. Elegir correctamente significa adaptar las acciones al contexto del negocio, los clientes y las capacidades empresariales.

El error más habitual es querer hacerlo todo al mismo tiempo: atraer, convertir, vender y fidelizar sin un orden ni enfoque claro. Para evitar esto, es fundamental analizar la situación actual, definir las prioridades y entender en qué etapa del proceso se encuentra la audiencia. Solo así se podrán alinear los esfuerzos con lo que realmente necesita la marca en ese momento.

IMPORTANTE

Elegir la estrategia correcta significa tomar decisiones alineadas con los obje-tivos, la audiencia y las capacidades empresariales.

---

16. *Newsletter* y blog

HILO CONDUCTOR

Juan y María integrarán el blog y la *newsletter* en su estrategia *inbound* para mantener una comunicación constante y de valor con su audiencia. Usarán el blog como fuente de contenido educativo y el boletín como canal de distribución directa. Esta combinación les permitirá aumentar el tráfico, nutrir *leads* y ajustar los contenidos según los intereses reales de su comunidad, fortaleciendo así la relación con sus potenciales clientes.

El blog y la *newsletter* son esenciales en el *inbound marketing*. El blog atrae tráfico orgánico con contenido valioso, mientras que la *newsletter* mantiene contacto directo con la audiencia. Juntos, son más efectivos.

Muchas marcas los tratan por separado, pero deben funcionar integrados. El blog genera contenido educativo, informativo o inspirador, y la *newsletter* lo distribuye a contactos interesados, mejorando la visibilidad y la fidelización.

Integrar ambos mejora el rendimiento del contenido y alimenta el embudo de conversión de manera continua y segmentada. No necesitas herramien-tas complejas, solo una estrategia clara y coherente.

Esta integración maximiza el contenido producido y fortalece la relación con la audiencia, aumentando el tráfico al blog y mejorando las conversio-nes en las campañas de *e-mail marketing*.

16.1. Tipos de contenido ideal para esta integración

No todo el contenido del blog es igual de eficaz para publicitarlo usando la *newsletter*. Para lograr una integración que genere interés, clics y conversiones, es importante elegir bien los tipos de publicaciones que más valor aportan a los suscriptores. A continuación, te mostramos los **formatos** más recomendables:

- **Artículos educativos o tutoriales.** Publicaciones que enseñan a resolver un problema, explican un proceso o aportan conocimientos prácticos. Son perfectas para posicionarse como referente y generar confianza.
- **Listas o recopilaciones.** Contenido tipo *Top 5, Checklist* o *Recursos* recomendados. Son fáciles de consumir y muy atractivos en formato *newsletter.*
- **Guías descargables o *lead magnets.*** Enlazado a artículos que invitan a descargar contenido adicional *(e-books,* plantillas, infografías), ayudando a generar o nutrir *leads.*
- **Casos de éxito o testimonios.** Historias reales que demuestran el valor de los productos o servicios, ideales para audiencias que están más cerca de la conversión.
- **Novedades del sector o tendencias.** Ideal para *newsletters* periódicas. Posiciona la marca como fuente actualizada y mantiene el interés activo.
- **Artículos de opinión o *storytelling.*** Contenido más humano, cercano o inspirador, que conecta emocionalmente con la audiencia.
- **Contenido relacionado con productos o servicios.** Publicaciones que enlazan a contenido útil con soluciones concretas que ofrece la empresa. Perfecto para educar al cliente sin vender directamente.

 **RECUERDA**

El mejor contenido es aquel que responde a las preguntas del visitante o cliente, el que resuelva sus dudas o aporte valor inmediato. Cuanto más útil sea lo que se comparta, más se abrirá, se leerá y se clicará en los enlaces de las *newsletters.*

17. Curación de contenidos

☞ HILO CONDUCTOR

Juan y María han decidido incorporar la curación de contenidos como parte clave de su estrategia *inbound*, para lo que seleccionarán información valiosa de fuentes confiables y la complementarán con su propio enfoque para aportar un valor único. Esto les permitirá mantenerse actualizados, ahorrar tiempo y posicionarse como referentes, demostrando que comprenden y responden a las necesidades de su audiencia.

En el entorno digital actual, en el que la información abunda y el tiempo escasea, la curación de contenidos se ha convertido en una herramienta estratégica clave dentro del *inbound marketing*. Esta técnica consiste en buscar, filtrar, organizar y compartir contenidos relevantes creados por terceros, con el objetivo de aportar valor real a la audiencia sin necesidad de generar siempre contenido original.

El papel de la curación de contenidos va más allá de republicar artículos o enlaces. Se trata de seleccionar con criterio información útil, interpretarla o contextualizarla, y compartirla con la comunidad de manera que refuerce el posicionamiento, muestre el conocimiento del sector y fortalezca la relación con el público objetivo.

Integrar esta práctica en la estrategia *inbound* permite a las empresas mantener la constancia en la publicación de contenido, alimentar sus canales (como redes sociales, blogs o *newsletters*) y aumentar la confianza en la marca como referente informativo. Además, es una forma eficiente de aprovechar los recursos existentes sin comprometer la calidad de lo que se ofrece.

17.1. Beneficios de la curación de contenidos

La curación de contenidos no solo facilita el trabajo del equipo de *marketing*, sino que también aporta valor estratégico a la marca y al usuario. Incorporar esta práctica de forma planificada puede marcar una gran diferencia en la forma en que la que el negocio se comunica con su audiencia.

Entre sus **principales beneficios** se encuentran:

➲ **Ahorra tiempo y recursos.** Crear contenido original de calidad requiere tiempo, planificación y personal especializado. La curación permite mantener la constancia en las publicaciones aprovechando información útil existente, reduciendo la carga de producción sin sacrificar valor.

➲ **Refuerza la autoridad y el posicionamiento.** Al seleccionar y compartir contenido relevante de fuentes confiables, se demuestra conocimiento del sector y la empresa se posiciona como un referente informado. Esto genera credibilidad y fortalece la reputación digital.

➲ **Aporta valor inmediato a la audiencia.** El contenido curado resuelve dudas, informa y educa sin esperar a una nueva producción propia. Ofrecer recursos útiles, en el momento oportuno, mejora la experiencia del usuario y fideliza a la comunidad.

➲ **Mejora la visibilidad de los canales.** Compartir contenido curado en redes sociales, en las *newsletters* o en el blog mantiene activos los canales, mejora el *engagement* y amplía la presencia *online.*

➲ **Facilita la segmentación de los temas.** Se puede adaptar el contenido curado según el interés de cada segmento de la audiencia, personalizando la comunicación sin necesidad de generar una publicación distinta para cada grupo.

➲ **Estimula la interacción y el *networking*.** Mencionar a otros autores o fuentes originales puede generar conversaciones, colaboraciones y visibilidad cruzada. La curación también fomenta una comunidad activa e informada.

Dentro del *inbound marketing,* la curación de contenidos puede adoptar diferentes formas según el objetivo, el canal utilizado y el tipo de audiencia al que se dirija. No se trata solo de compartir información, sino de organizarla, adaptarla y enriquecerla para generar valor real. Los **tipos** más comunes de curación de contenidos son:

Curación directa
- Consiste en seleccionar y difundir contenido tal cual fue publicado por la fuente original, sin modificarlo ni agregar opinión. Se suele utilizar en redes sociales o *newsletters* como forma rápida de aportar valor.

Curación comentada
- En este caso, no solo se comparte el contenido, sino que se añade el punto de vista, un resumen o la interpretación, dándole un enfoque más personal o adaptado a la audiencia.

Continúa en página siguiente >>

[75]

<< Viene de página anterior

Curación agrupada o por listas
- Consiste en reunir varios contenidos relacionados en un solo formato: una lista, una recopilación o un resumen temático. Este tipo es muy útil para guías, *newsletters* o publicaciones tipo *Top* 10.

Curación visual
- En lugar de enfocarse en el texto, se selecciona y se presentan elementos visuales como infografías, vídeos, gráficos interactivos o ilustraciones relevantes que ayuden a comunicar mejor la información.

Curación personalizada o segmentada
- Implica adaptar el contenido curado a los intereses o comportamientos específicos de la audiencia (por ejemplo, según el *buyer* persona o la etapa del embudo de conversión).

Cada tipo de curación cumple una función específica dentro de la estrategia. Lo más importante es elegir el formato más adecuado para el canal, la audiencia y los objetivos, asegurando siempre que se aporta un valor real y se mantiene la coherencia con la voz de la marca.

17.2. Buenas prácticas y errores habituales en la curación de contenidos

Aplicar buenas prácticas en la curación de contenidos es lo que marca la diferencia entre un simple agregador de enlaces y una marca que actúa como guía confiable dentro de su sector. Para lograrlo, es fundamental cuidar la calidad de las fuentes, ofrecer un contexto personalizado y mantener la coherencia con el tono y con los objetivos de la estrategia global. La constancia, el criterio editorial y la ética digital son pilares esenciales en este proceso.

Entre el conjunto de **recomendaciones** clave que permiten integrar la curación de manera profesional y efectiva en los canales digitales se encuentran:

➲ **Verificar siempre la fuente.** El contenido compartido debe proceder de sitios confiables y actualizados. La reputación de la marca depende de la calidad de las fuentes elegidas.

- **Agregar contexto o valor propio.** No hay que limitarse a compartir enlaces: cada contenido debe acompañarse de una breve reflexión, resumen, comentario o interpretación. Esto ayuda a posicionar la marca como experto.
- **Mantener la coherencia con la marca.** El contenido debe estar alineado con la propuesta de valor, el tono de comunicación y el tipo de audiencia. Lo que se comparta debe reflejar la identidad profesional.
- **Respetar los derechos de autor y citar siempre la fuente.** No hay que omitir el crédito original. Incluir el enlace directo y el autor es una señal de ética digital y transparencia.
- **Diversificar los formatos.** No deben curarse solo artículos, también vídeos, infografías, pódcast, *e-books,* herramientas, etc. Esto hace que la estrategia sea más rica y atractiva.
- **Segmentar el contenido para diferentes públicos.** No todo el contenido sirve para todos. Se deben emplear etiquetas, intereses o comportamientos para entregar contenido curado que realmente resuene en cada segmento.

Aunque la curación de contenidos es una práctica muy valiosa en el *inbound marketing,* también es fácil cometer errores si no se realiza con criterio. Evitar estos fallos permitirá mantener la calidad de la estrategia, proteger la reputación digital y aportar valor real a la audiencia.

 ## PARA SABER MÁS

Paula Cubilles, de la empresa Connext, tiene publicada una entrada en su blog acerca de la curación de contenidos: qué es y por qué se debe usar en la estrategia de *marketing.* Accede a la publicación desde aquí:

https://redirectoronline.com/comm097po0113

18. Introducción al *buyer* persona

👉 HILO CONDUCTOR

Juan y María descubrirán que, para que su estrategia de *inbound marketing* sea efectiva, deben conocer bien a su público. Al entender el concepto de *buyer* persona, decidirán construir distintos perfiles basados en entrevistas, encuestas y análisis de clientes actuales. Esto les permitirá personalizar sus mensajes, elegir los canales adecuados y ofrecer soluciones alineadas con las necesidades reales de su audiencia.

Conocer a nuestro público es clave en el *inbound marketing*. El *buyer* persona, una representación semificticia del cliente ideal basada en datos reales, comportamientos y necesidades, ayuda a humanizar la audiencia y establecer conexiones efectivas.

A diferencia del público objetivo tradicional, el *buyer* persona profundiza en problemas, soluciones y motivaciones, permitiendo alinear contenido y mensajes con aspectos importantes para ese perfil específico.

Tener *buyers* personas definidos permite personalizar la comunicación, optimizar recursos y aumentar conversiones, ya que cada contenido se diseña con una intención clara para alguien que realmente necesita lo que ofrece la empresa.

18.1. ¿Qué información debe incluir un *buyer* persona?

Un *buyer* persona completo y útil debe incluir una combinación de datos cuantitativos y cualitativos que ayuden a entender tanto quién es la persona como qué la motiva a tomar decisiones. Entre la **información** clave que debe contener se encuentra:

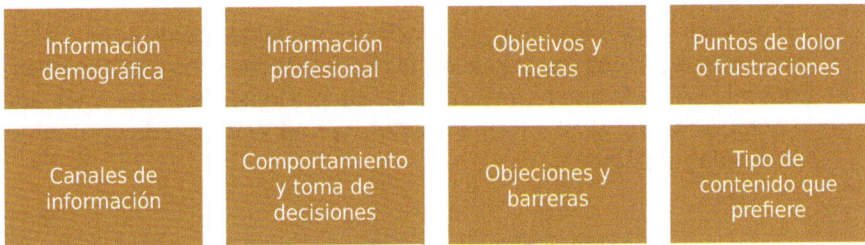

| Información demográfica | Información profesional | Objetivos y metas | Puntos de dolor o frustraciones |
| Canales de información | Comportamiento y toma de decisiones | Objeciones y barreras | Tipo de contenido que prefiere |

Contar con toda esta información permitirá crear mensajes y contenidos personalizados y diseñados específicamente para conectar con sus necesidades y emociones.

Diseñar un *buyer* persona permite transformar los esfuerzos de *marketing* en acciones enfocadas y más eficientes. En lugar de lanzar mensajes genéricos, al público en general, se crean campañas con una dirección clara, basadas en los perfiles de usuarios y clientes, que representan las verdaderas inquietudes, los intereses y los comportamientos de los clientes ideales.

Esta herramienta ayuda a mejorar la conexión emocional con la audiencia. Al comprender mejor sus comportamientos y necesidades, se pueden desarrollar contenidos, ofertas y soluciones que respondan realmente a lo que están buscando, lo que genera una mayor sensación de cercanía y mejora la confianza desde el comienzo de la relación comercial.

Los *buyers* personas sirven como referencia constante en la planificación estratégica. Desde la elección de las palabras clave hasta el diseño de productos, tener una visión detallada del cliente ideal permite tomar decisiones con mayor coherencia, ajustadas a lo que realmente necesitan las personas a las que se desea atraer, convertir y fidelizar.

18.2. Ejemplo básico de *buyer* persona

Definir un *buyer* persona no tiene por qué ser complicado. De hecho, comenzar con un perfil básico y claro puede ser la mejor forma de familiarizarse con esta herramienta antes de profundizar en aspectos más complejos. Lo fundamental es centrarse en los elementos que más afectan al comportamiento de compra y a la forma en la que interactúa con la marca.

A través del siguiente ejemplo, es más fácil visualizar cómo se combinan los datos demográficos, los intereses, las necesidades y las motivaciones para construir un perfil que represente a un cliente ideal. Esto ayudará a adaptar la comunicación, ajustar las campañas y priorizar el tipo de contenido que tendrá más impacto.

Con la identificación del buyer persona se busca mejorar la conexión emocional del público con la marca.

 **EJEMPLO**

En este ejemplo básico se tratará de generar un *buyer* persona para un negocio que ofrece formación *online* en habilidades digitales.

Datos iniciales del *buyer* persona

- Nombre: Laura Digital Marketing
- Edad: 29 años
- Género: Femenino
- Ubicación: Logroño, España
- Nivel educativo: Grado en Diseño Gráfico + formación continua a través de cursos *online*.
- Situación laboral: Freelance a tiempo completo
- Ingresos mensuales aproximados: 1.200 – 1.800 €
- Estado civil: Soltera, sin hijos
- Tipo de cliente: Autónoma en crecimiento profesional

Continúa en página siguiente >>

<< Viene de página anterior

- **Objetivos personales y profesionales**

  · Mejorar su presencia digital para atraer más clientes.
  · Aprender habilidades complementarias como SEO, *e-mail marketing* y *branding.*
  · Automatizar sus tareas y gestionar su tiempo de forma más eficiente.
  · Convertirse en referente de diseño para las emprendedoras digitales.

- **Puntos de dolor y frustraciones**

  · Se siente desbordada por la gran cantidad de información que tiene que manejar y las herramientas disponibles.
  · No sabe por dónde empezar cuando quiere aprender algo nuevo.
  · Desconfía de los cursos que venden resultados exagerados sin demostrar valor.
  · Tiene poco tiempo libre para formaciones extensas.
  · No siempre encuentra formación específica para diseñadoras *freelance.*

- **Comportamiento digital**

  · Consulta los contenidos desde el móvil mientras trabaja o se desplaza.
  · Escucha pódcast de emprendimiento creativo y sigue a canales de *You-Tube* especializados.
  · Guarda ciertas publicaciones en *Instagram* para revisarlas más tarde.
  · Se informa antes de comprar un curso: lee las opiniones, busca ejemplos y casos reales.
  · Valora mucho el diseño y la claridad de una web o *landing.*

Objeciones o barreras de compra

  · Miedo a perder dinero en formación que no sea práctica.
  · Falta de confianza en su nivel técnico para herramientas avanzadas.
  · Necesita materiales que pueda adaptar rápidamente a su estilo de trabajo.
  · Duda si podrá aplicar lo aprendido sin ayuda extra o soporte.

- **Preferencias de contenido**

  · Minicursos temáticos de 1-2 horas.
  · Guías descargables con recursos de diseño o estrategias de *marketing.*
  · *Checklists* de herramientas o pasos de implementación.

Continúa en página siguiente >>

<< Viene de página anterior

- *Webinars* interactivos con resolución de dudas.
- Historias reales de otros *freelances* que hayan tenido éxito.

Frase representativa

- "Si me explican las cosas de forma visual y directa, además de aprender más rápido, lo aplico sin miedo".
- ¿Dónde tiene presencia?
- Instagram: sigue cuentas sobre *branding*, productividad y *marketing* creativo.
- *YouTube:* consume tutoriales de diseño, herramientas digitales y casos prácticos.
- Pódcast: escucha temas sobre *freelancing*, negocios digitales y creatividad.
- Comunidades: participa en grupos de *Facebook* o *Slack* para diseñadores y *freelances*.
- *Newsletters:* está suscrita a boletines que ofrecen recursos útiles y consejos breves.

---

19. Cómo crear tu *buyer* persona

☞ HILO CONDUCTOR

Juan y María van a crear su primer *buyer* persona para guiar su estrategia de *marketing*. Recopilarán información de sus clientes, de los formularios y de los contenidos de las redes sociales, buscando entender los intereses, las motivaciones y los hábitos de compra. Con esos datos, elaborarán un perfil detallado que les permitirá enfocar mejor su comunicación, crear contenido relevante y tomar decisiones más efectivas.

Crear un *buyer* persona efectivo no es solo un ejercicio creativo, sino una parte estratégica que requiere de procesos de investigación, análisis y empatía. A través de este proceso, se transformarán los datos dispersos en un perfil concreto que guiará las decisiones de contenido, comunicación y oferta. Los **pasos clave** que se recomiendan seguir para crear un *buyer* persona son:

- **Recoge datos reales.** Comienza recopilando información de tus clientes, *leads* y seguidores mediante formularios, encuestas, entrevistas, análisis en redes sociales, *Google Analytics* y el *feedback* de los equipos de ventas o soporte.
- **Identifica patrones y comportamientos.** Organiza la información recopilada y busca patrones: identifica los retos comunes que enfrentan, qué los motiva para contactarte, en qué canales son más activos y qué tipo de contenido consumen con mayor interés.
- **Define datos clave del perfil.** Se agrupará la información en secciones relevantes para estructurar el perfil. Este debe incluir el nombre ficticio (para humanizarlo), la edad, el género, su ubicación, su profesión, su nivel educativo, sus objetivos y necesidades, así como sus frustraciones o puntos de dolor, los canales que utiliza para informarse, y las motivaciones y objeciones de compra.
- **Redacta el perfil completo.** Se puede redactar una ficha narrativa que sintetice todo lo anterior. Debe parecer una persona real: "Marta, 35 años, emprendedora digital, quiere escalar su negocio y busca herramientas accesibles que le ahorren tiempo...".
- **Valida y actualiza.** Un *buyer* persona no es un documento estático. A medida que el negocio crece o que evoluciona la audiencia, es importante revisar y ajustar el perfil. Una buena práctica es validarlo con el equipo de *marketing* y ventas.

IMPORTANTE

Se puede tener más de un *buyer* persona si el producto o servicio está dirigido a varios segmentos. Pero hay que asegurarse de que no se crean perfiles innecesarios: menos cantidad, más profundidad.

Una vez comprendida la importancia del *buyer* persona como pilar estratégico dentro del *inbound marketing,* el siguiente paso natural es su construcción. Este perfil debe ir más allá de ideas abstractas o intuiciones generales; requiere de una metodología clara y bien organizada. Crear un *buyer* persona estructurado permite transformar información dispersa en un retrato coherente del cliente ideal, lo cual es esencial para tomar decisiones acertadas en cada etapa del embudo de *marketing.*

Para lograrlo, es necesario basarse en datos reales: encuestas a clientes actuales, entrevistas, formularios de contacto, métricas de comportamiento en la web y análisis de redes sociales. Además, el equipo comercial y el de atención al cliente también pueden aportar observaciones valiosas sobre patrones, necesidades y objeciones comunes. Cuanto más concreto sea el perfil, más fácil será diseñar los contenidos, los productos o las campañas que conecten con esa persona de forma natural y efectiva.

 SABÍAS QUE...

La empresa Edit permite generar un *buyer* persona usando distintas plantillas de manera *online* accediendo a su página. Accede desde aquí:

https://redirectoronline.com/comm097po0114

La clave está en observarlos y escucharlos: ¿a qué retos se enfrenta?, ¿qué busca solucionar?, ¿cómo se informa?, ¿qué lo frena antes de comprar? A partir de estas preguntas y del análisis de datos, se puede construir un perfil que no solo represente a un cliente tipo, sino que sirva como herramienta activa para enfocar las acciones de *marketing* hacia resultados medibles y sostenibles.

 TAREA 2

Trabajas en el Departamento de Marketing de una empresa que ofrece un *software* de facturación y gestión financiera especialmente diseñado para pequeños negocios y profesionales autónomos. El producto permite emitir facturas, registrar ingresos y gastos, calcular impuestos y generar reportes financieros de manera fácil y automática.

Continúa en página siguiente >>

<< Viene de página anterior

Define un *buyer* persona que represente al tipo de cliente ideal para este producto. Responde las siguientes preguntas para construir un perfil completo:

- ¿Quién sería el cliente ideal para este producto?
- ¿Qué necesidades o problemas principales tiene en relación con su gestión financiera?
- ¿Dónde suele informarse o buscar soluciones?
- ¿Qué tipo de contenido le resultaría útil?
- ¿Qué objeciones podría tener antes de comprar?

20. Herramientas

 HILO CONDUCTOR

Juan y María pueden emplear herramientas digitales para optimizar su estrategia de *inbound marketing* en cada etapa. Podrán analizar el comportamiento de sus visitantes, mejorar su visibilidad, automatizar sus campañas y gestionar los contactos de forma eficiente. Esto les permitirá tomar decisiones basadas en los datos y alinear sus acciones con sus objetivos.

Implementar una estrategia de *inbound marketing* eficaz no solo depende del conocimiento teórico o del contenido generado. También requiere el uso de herramientas que faciliten, automaticen y optimicen cada fase del proceso: desde la atracción de los visitantes, su conversión en *leads,* pasando por la generación de contenido relevante y, finalmente, fidelizándolos. Estas herramientas se han convertido en aliados indispensables para los equipos de *marketing,* que buscan escalar los resultados sin perder su personalización ni su eficiencia.

El entorno digital actual ofrece una amplia variedad de plataformas diseñadas específicamente para cubrir las distintas necesidades del *inbound marketing.* Algunas se centran en la automatización del *marketing,* otras en la gestión de las relaciones con los clientes (CRM), en la programación de las publicaciones en las redes sociales, en la creación de los formularios, en el análisis del comportamiento web o en el envío de las campañas de *e-mail*. Lo importante es elegir las más adecuadas según el tamaño del proyecto, los objetivos y los recursos disponibles.

Algunas de las **herramientas** más utilizadas y valoradas por los profesionales del *marketing* digital son:

⮞ **Conocimiento de la audiencia y creación del *buyer* persona:**

- ⱸ *Google Forms/Typeform:* para realizar encuestas.
- ⱸ *Google Analytics:* analiza el comportamiento de los usuarios en el sitio web.
- ⱸ *Hotjar/Microsoft Clarity:* muestra mapas de calor y grabaciones de navegación.
- ⱸ *MakeMyPersona (HubSpot):* asistente *online* gratuito para crear el *buyer* persona.

⮞ **Creación y gestión de contenidos:**

- ⱸ *WordPress/Ghost/Webflow:* plataformas para gestionar blogs.
- ⱸ *Google Docs/Notion:* para redactar, organizar y compartir contenidos.
- ⱸ *Grammarly/LanguageTool:* correctores ortográficos y gramaticales.
- ⱸ *AnswerThePublic/AlsoAsked:* ideas de contenido a partir de búsquedas reales.
- ⱸ *Canva/Adobe Express:* diseños gráficos para blogs, redes o presentaciones.

⮞ ***E-mail marketing:***

- ⱸ *Mailchimp/Brevo/MailerLite:* plataformas para crear y automatizar campañas de *e-mail*.
- ⱸ *HubSpot Email:* envíos personalizados con seguimiento de comportamiento.
- ⱸ *Benchmark Email:* ideal para pruebas A/B y automatización.
- ⱸ *ConvertKit:* especializado en creadores de contenido y *newsletters*.

⮞ **Automatización y *lead nurturing*:**

- ⱸ *HubSpot:* plataforma todo en uno para *inbound marketing* y ventas.
- ⱸ *ActiveCampaign:* automatización avanzada con CRM integrado.
- ⱸ *GetResponse:* automatizaciones + *webinars* y *landing pages*.
- ⱸ *Zapier/Make:* conecta y automatiza tareas entre apps.

- **Analítica y seguimiento:**

  - *Google Analytics 4:* seguimiento completo de un sitio web.
  - *Google Tag Manager:* gestión avanzada de etiquetas sin tocar código.
  - *HubSpot CRM:* registro de interacciones con contactos y rendimiento de campañas.
  - *Databox/Google Looker Studio:* paneles de visualización para métricas clave.

- **Gestión de redes sociales y difusión de contenido:**

  - *Buffer/Hootsuite/Metricool:* programación y análisis de publicaciones en redes sociales.
  - *LinkedIn Campaign Manager:* anuncios segmentados en *LinkedIn*.
  - *Later/Planoly:* planificación visual de contenido para *Instagram* y *TikTok*.

- **Curación de contenidos y tendencias:**

  - *Feedly:* para seguir fuentes RSS y organizar contenido por temas.
  - *BuzzSumo:* descubre los contenidos más compartidos y menciones de marca.
  - *Pocket:* guarda artículos e ideas para leer o compartir más adelante.
  - *Google Alerts:* recibe notificaciones sobre temas clave.

21. Resumen

El *inbound marketing* ofrece una forma de conectar con las personas desde el respeto, la utilidad y la empatía. Frente a los métodos tradicionales que interrumpen, este enfoque busca atraer de manera orgánica a quienes realmente pueden beneficiarse de los productos o servicios de la marca, guiándolos en el camino de la compra, que va desde el primer contacto hasta la fidelización.

Una de sus claves está en la creación de contenido relevante. A través del *marketing* de contenidos, las empresas pueden generar publicaciones en blogs, redes sociales, *newsletters* o pódcast que respondan a las necesidades reales de sus audiencias. Este contenido no solo informa, sino que construye comunidad, inspira confianza y posiciona la marca como un referente en su sector.

Además de aportar valor a los clientes potenciales, el *marketing* de contenidos contribuye de manera significativa en los siguientes aspectos:

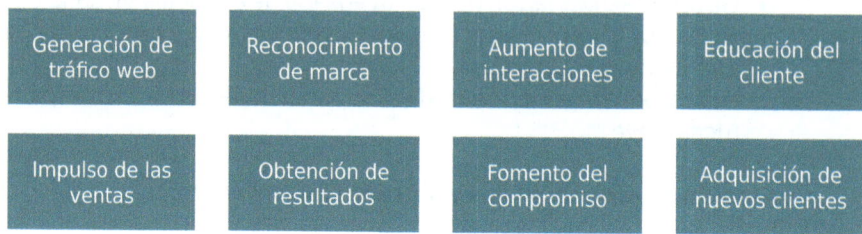

El proceso *inbound* se desarrolla en diferentes etapas, inicialmente representadas por un embudo de ventas clásico (atraer, convertir, cerrar y fidelizar) y, más recientemente, reinterpretadas bajo el modelo *flywheel,* donde el cliente ocupa el centro de la estrategia cíclica basada en la atracción, la interacción y el deleite constante.

El enfoque *inbound* integra herramientas como el *e-mail marketing,* que permite una comunicación directa, segmentada y personal, con mensajes diseñados cuidadosamente tanto en su contenido como en su estructura. La segmentación de la audiencia y el análisis de métricas como la tasa de apertura o conversión permiten mejorar continuamente los resultados. En este sentido, técnicas como el A/B *testing* ayudan a entender qué mensajes, formatos o asuntos de correo funcionan mejor, facilitando decisiones basadas en datos reales.

Dentro del *marketing* más ético y consciente, destaca el *marketing* de permiso, una estrategia que pone al usuario en el centro de la comunicación, consultándole previamente si desea recibir información. Este enfoque no solo cumple con la normativa actual de protección de datos, sino que también mejora la percepción de la marca y refuerza las relaciones a largo plazo, presentando las siguientes ventajas frente a otras estrategias tradicionales de *marketing:*

La estrategia *inbound* utiliza herramientas digitales como plataformas de automatización, CRM y aplicaciones para curar contenidos y programar publicaciones en redes sociales. La curación de contenidos complementa la creación original seleccionando y adaptando información valiosa de terceros, proporcionando contenido de calidad sin agotar recursos.

Otra técnica poderosa es el *storytelling,* que transforma los mensajes en historias que conectan emocionalmente con el público de forma que los usuarios no solo conozcan la marca, sino que se identifiquen con ella. Toda historia debe ser coherente, auténtica y memorable, para lo que debe tener los siguientes componentes:

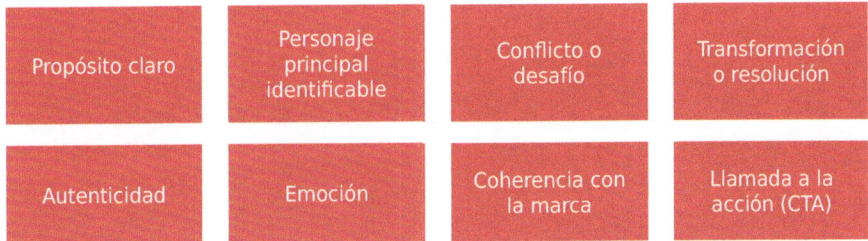

El blog y la *newsletter* son también herramientas esenciales. Mientras el blog permite atraer tráfico cualificado a través de contenidos optimizados y valiosos, la *newsletter* refuerza el vínculo con los suscriptores, manteniéndolos informados y acompañándolos en su proceso de decisión. Cuando se integran estratégicamente, su impacto se multiplica.

El diseño es clave en el *inbound marketing,* ya que mejora la experiencia del usuario, la claridad de los mensajes y la imagen profesional de la marca. Usar plantillas bien estructuradas facilita crear contenidos eficientes y coherentes.

En este recorrido, conocer bien al cliente ideal es fundamental. Por ello, la construcción del *buyer* persona permite representar con detalle al público al que se desea atraer: sus retos, sus intereses, sus comportamientos, sus objeciones y motivaciones. Este perfil guía la planificación de las campañas, la selección de los canales y la manera en la que se presenta el contenido.

No todas las marcas se encuentran en el mismo punto, por lo que es esencial definir las prioridades, analizar el contexto y aplicar tácticas alineadas con las etapas reales del cliente, para lo cual se pueden utilizar las distintas estrategias:

Estrategia de atracción

Estrategia de conversión

Estrategia de nutrición *(lead nurturing)*

Estrategia de conversión a cliente

Estrategia de fidelización y recomendación

Ejercicios de autoevaluación
Unidad de Aprendizaje 1

1. Indica si las siguientes afirmaciones son verdaderas o falsas:

   a. "El *inbound marketing* se centra mayoritariamente en la marca y el producto".

   - ■ Falso
   - ■ Verdadero

   b. "Las empresas deben centrarse en los clientes interesados por sus productos o servicios".

   - ■ Falso
   - ■ Verdadero

   c. "El *inbound marketing* solo presenta ventajas para las empresas".

   - ■ Falso
   - ■ Verdadero

   d. "El *marketing* de contenidos se enfoca en la atracción de los clientes de forma natural".

   - ■ Falso
   - ■ Verdadero

2. ¿Cuál es uno de los objetivos principales del *inbound marketing*?

   a. Atraer al cliente con contenido de valor.
   b. Interrumpir al usuario con promociones.
   c. Usar publicidad masiva en medios tradicionales.
   d. Vender productos en frío.

3. ¿Qué característica define al *marketing* de permiso?

   a. Enviar promociones sin aviso.
   b. Llamar directamente al cliente.
   c. Publicar contenido en redes sociales.
   d. Solicitar consentimiento antes de contactar.

4. ¿Qué representa el modelo *flywheel* en el *inbound marketing*?

    a. Un ciclo continuo centrado en el cliente.
    b. Una forma de enviar correos masivos.
    c. Una herramienta para hacer SEO.
    d. Una técnica de ventas agresiva.

5. ¿Cuál es el principal objetivo del SEO en una estrategia *inbound*?

    a. Aumentar el tráfico orgánico.
    b. Mejorar la estética de la web.
    c. Publicar más en redes sociales.
    d. Reducir la tasa de rebote.

6. ¿Qué permite el *lead nurturing*?

    a. Acompañar al usuario durante su proceso de compra.
    b. Diseñar *banners* llamativos.
    c. Eliminar suscriptores inactivos.
    d. Enviar publicidad masiva.

7. ¿Qué se mide con la tasa de apertura en el *e-mail marketing*?

    a. Clics en los enlaces
    b. Correos abiertos por los destinatarios
    c. Correos enviados
    d. Correos no entregados

8. ¿Qué elemento es esencial en el diseño de un *e-mail* efectivo?

    a. Imágenes pesadas
    b. Llamadas a la acción claras
    c. Texto plano sin enlaces
    d. Títulos muy largos

9. ¿Qué objetivo cumple el *storytelling* en una estrategia *inbound*?

    a. Aumentar la velocidad del sitio web.
    b. Conectar emocionalmente con la audiencia.

c. Mejorar el posicionamiento técnico.
d. Reducir el uso de redes sociales.

10. ¿Cuál es el propósito de segmentar una lista de correo?

a. Enviar correos en masa.
b. Enviar mensajes más personalizados.
c. Reducir el tráfico web.
d. Reutilizar contenido antiguo.

Plan de *marketing* digital

Contenido

Objetivos

El objetivo general de esta Unidad de Aprendizaje es:

→ Comprender en profundidad las estrategias y las etapas que conforman tanto los planes de *marketing* tradicionales como los planes de *marketing* digital.

Los objetivos específicos de esta Unidad de Aprendizaje son:

→ Analizar los elementos clave que integran un plan de *marketing* eficaz.

→ Explorar la evolución del *marketing,* desde los enfoques tradicionales hasta las estrategias digitales contemporáneas.

→ Identificar las estrategias digitales más utilizadas en el desarrollo de planes de *marketing.*

→ Identificar y describir los apartados clave que conforman los componentes fundamentales de un plan de *marketing,* detallando los contenidos que debe incluir cada uno.

1. Introducción

Todas las empresas aspiran a crecer y a mejorar su visibilidad con el fin de consolidar su presencia en el mercado para aumentar sus ventas. Para alcanzar estos objetivos, es esencial contar con una hoja de ruta que guíe estratégicamente cada una de las acciones que se ejecuten o programen.

El *marketing* no es la excepción y también debe planificarse con cuidado. Por este motivo, se diseña un plan de *marketing* que define tanto los objetivos que lograr como las acciones concretas para conseguirlos.

Juan y María se han dado cuenta de que la presencia en el mercado no depende solo de tener un buen producto o servicio, sino de contar con una dirección clara. Por eso, para ayudar a sus clientes y destacar de la competencia, han decidido elaborar un plan de *marketing* que les permita organizar sus ideas, definir unas metas concretas y enfocar sus recursos de manera estratégica.

Este plan, además de servirles como hoja de ruta, también les ayudará a evaluar el impacto de sus acciones y tomar decisiones fundamentadas. Para ellos, un plan de *marketing* bien estructurado marcará la diferencia entre actuar con intención o simplemente reaccionar ante el mercado.

2. Plan de *marketing*

El plan de *marketing* es un documento estratégico que detalla los objetivos de la empresa en *marketing,* las estrategias que seguir y la planificación para lograrlos. Es una guía estructurada que define los pasos en cada etapa del proceso: análisis del mercado, viabilidad económica, formulación de objetivos, programación de acciones para atraer al público objetivo y definición de KPI para medir la efectividad.

Establecer un plan de marketing es esencial para definir, coordinar y controlar de manera eficaz todas las acciones de marketing que desarrolla la empresa.

Este documento, cuya duración habitual es de un año, debe ser revisado y actualizado de forma periódica para adaptarse a los nuevos objetivos de la empresa. Esta actualización requiere recorrer nuevamente todas las fases del proceso: desde el análisis del mercado y la evaluación de la competencia hasta el estudio del público objetivo y la planificación de las acciones que se desarrollarán durante este nuevo período.

 IMPORTANTE

El plan de *marketing* debe aplicarse tanto en el entorno *online* como *offline*. Esto permite identificar qué aspectos de la estrategia necesitan ser reforzados o ajustados para optimizar su efectividad.

 VÍDEO

El siguiente vídeo ofrece una visión general sobre qué es el *marketing,* cómo funciona y cuáles son algunas claves fundamentales que tener en cuenta para implementarlo de forma efectiva en una empresa o proyecto. Accede al vídeo desde aquí:

Continúa en página siguiente >>

<< Viene de página anterior

https://redirectoronline.com/comm097po0201

2.1. La importancia del plan de *marketing*

Una de las principales fortalezas del *marketing* es su capacidad para medir el impacto de cada acción que se lleva a cabo. Esta característica permite mejorar los productos y los servicios, evaluar la experiencia del cliente y optimizar la relación con el público objetivo. Por ello, es fundamental que todas las iniciativas estén planificadas y ejecutadas de manera precisa.

El plan de *marketing* cobra especial importancia por diversas **razones,** entre ellas:

Cuota de mercado
- Nos permite conocer la cuota de mercado y así poder obtener una visión más específica del sector y su comportamiento.

Conocimiento de competidores
- Permite conocer a los competidores y los puntos de dolor del público potencial al que nos dirigimos.

Definición de estrategia
- Permite la definición de la mejor estrategia de comunicación enfocada en la consecución de los objetivos y la línea editorial que se debe seguir en las publicaciones de la empresa.

Planificación de acciones
- Mediante la planificación de las acciones que se van a llevar a cabo también se establece el presupuesto necesario y los recursos que se deben destinar a cada una de ellas.

Continúa en página siguiente >>

<< Viene de página anterior

Evita sorpresas
- Si desarrollamos un plan de *marketing*, evitaremos los impedimentos para cumplir los objetivos empresariales que se planifican para períodos determinados.

Evaluaciones periódicas
- Al evaluar periódicamente los resultados obtenidos, podremos analizar si se cumplen los objetivos y, en caso contrario, modificar las acciones para tratar de conseguirlos.

Para implementar un plan de *marketing,* es esencial que todos los departamentos participen activamente. Esto asegura que conozcan las acciones y los objetivos, facilitando la captación y la fidelización de los clientes y mejorando la coordinación interna. Además, evita duplicidades y mantiene coherentes las estrategias de la organización.

 **RECUERDA**

El plan de *marketing* es un documento estratégico que reúne las acciones y las tácticas diseñadas para ejecutarse a lo largo del próximo año.

Entre los principales **aspectos** que aborda un plan de *marketing* se encuentran:

Señala
- Define los objetivos, así como el camino que vas a seguir para tratar de alcanzarlos.

Define
- Define los recursos y las acciones que vas a llevar a cabo para tratar de conseguir los objetivos.

Asigna
- Establece las responsabilidades de los miembros del equipo con el que trabajes.

Continúa en página siguiente >>

<< Viene de página anterior

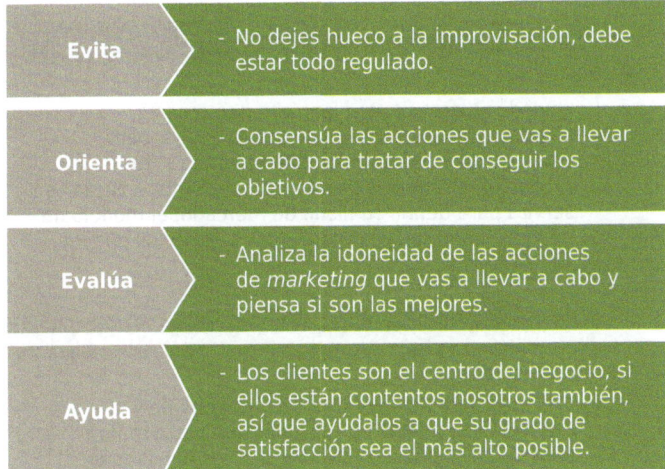

Philip Kotler define el plan de *marketing* como un documento que establece objetivos, estrategias y planes de acción relacionados con los elementos del *marketing,* apoyando la estrategia global de la empresa. Un error común es subestimarlo y considerarlo secundario. Sin embargo, gestionar la comunicación empresarial desde el principio es crucial para convertir al público objetivo en clientes, presentando claramente los beneficios de los productos o servicios.

Antes de comenzar a diseñar el plan de *marketing,* se debe reflexionar sobre varios **aspectos** clave:

Analizar

El primer paso debe ser analizar la situación de la empresa y los elementos que pueden afectarle (económicos, sociales, demográficos, etc.). No debes olvidarte de analizar el entorno y la competencia para saber qué están ofreciendo a los clientes.

Identificar

Ahora toca identificar los objetivos del negocio, hasta dónde queremos alcanzar mediante la definición de los objetivos a corto, medio y largo plazo, pero siendo realistas.

Continúa en página siguiente >>

<< Viene de página anterior

Ofrecer

Llegados a este punto plantéate qué quieres ofrecerles a tus clientes, ponte en su lugar para conocer qué es lo que demandan y mira si tus productos o servicios se adecúan a ello. Este punto te servirá para definir tu nicho de mercado, el modelo de negocio, la marca y los productos o servicios que les vas a ofrecer.

Actuar

Ahora es hora de llevarlo a cabo definiendo y especificando todas las acciones que vas a realizar para llegar al público objetivo que has pensado en el punto anterior.
Redes sociales, página web o comercio electrónico, son algunos de los elementos que pueden ayudarte, pero sin perder de vista el *marketing* de contenidos, con el que les mostrarás contenidos relevantes que dejen claro que eres experto en tu materia.

Las empresas deben considerar el alcance financiero y de recursos humanos al implementar un plan de *marketing*. En mercados internacionales, es crucial adoptar un enfoque global que contemple cada contexto específico.

 **APLICACIÓN PRÁCTICA**

Antonio necesita argumentar ante su equipo la importancia de planificar cuidadosamente todas las acciones de *marketing* que se implementarán en la empresa. Para ello, ha decidido desarrollar un plan de *marketing* y, durante su presentación, quiere destacar claramente los beneficios que aporta su correcta elaboración.

¿Podrías ayudar a Antonio indicándole las razones por las cuales es fundamental contar con un plan de *marketing* para ayudarlo a estructurar su presentación?

Continúa en página siguiente >>

<< Viene de página anterior

Solución

Dentro del plan de *marketing* se definen los objetivos que se van a llevar a cabo a lo largo del año, además de definir los presupuestos que se van a asociar tanto al propio plan como a las acciones que se vayan a llevar a cabo.

2.2. Objetivos de un plan de *marketing*

El plan de *marketing* organiza y establece objetivos estratégicos. Con unos objetivos bien definidos, se pueden diseñar estrategias eficaces y evaluar el progreso fácilmente. Para asegurar que los objetivos del plan respondan a las necesidades de la empresa, es útil considerar los siguientes **aspectos** clave desde el inicio:

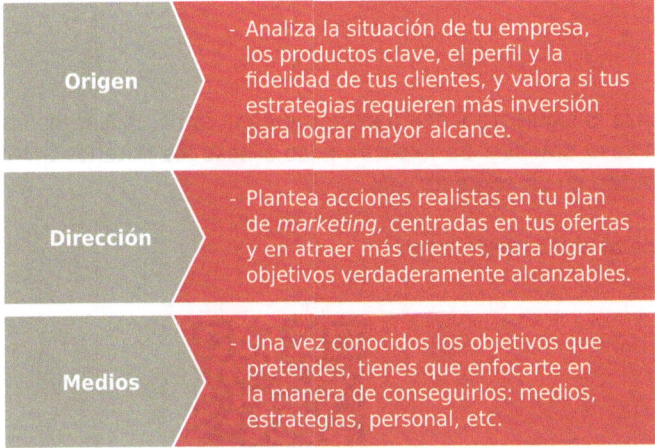

Origen
- Analiza la situación de tu empresa, los productos clave, el perfil y la fidelidad de tus clientes, y valora si tus estrategias requieren más inversión para lograr mayor alcance.

Dirección
- Plantea acciones realistas en tu plan de *marketing*, centradas en tus ofertas y en atraer más clientes, para lograr objetivos verdaderamente alcanzables.

Medios
- Una vez conocidos los objetivos que pretendes, tienes que enfocarte en la manera de conseguirlos: medios, estrategias, personal, etc.

Un elemento esencial que tener en cuenta en la formulación de estos objetivos es que deben ajustarse al enfoque SMART, un criterio que permite establecer metas:

⊃ ***Specific* (específico).** La S se refiere a que los objetivos deben ser específicos, que se puedan alcanzar y sean realistas. Déjate de objetivos ideales o inconcretos, ya que este tipo son los más fáciles de incumplir, por lo que debes fijarte metas concretas.

- **Measurable (medible).** La M es un criterio esencial, porque todas las acciones que llevemos a cabo deben tener la capacidad de ser medidas para valorar si se han cumplido, si son correctas o no.

  Para conseguir que tus objetivos sean medibles puedes establecer una fecha límite, un porcentaje, cambios numéricos, etc., es decir, cualquier elemento que sea cuantificable.

- **Achievable (alcanzable).** Los objetivos deben ser realistas y se tienen que poder conseguir, pero no sirve ponerse objetivos que sean muy sencillos de lograr. No te plantees objetivos imposibles o difíciles de conseguir.

- **Realistic (realista).** Además de alcanzables, los objetivos deben ser realistas, es decir, que se puedan conseguir.

  Esta característica va de la mano con la A de Alcanzable.

- **Time bound (duración limitada).** Y, sobre todo, hay que delimitar en el tiempo el límite que le ponemos. Un proyecto sin límite se estira en el tiempo sin nada más que hacer que distorsionar las métricas obtenidas y, consecuentemente, los datos que arroje la conservación del objetivo serán erróneos.

 **VÍDEO**

Visualiza el siguiente vídeo para comprobar cómo aplicar los objetivos SMART en un caso práctico. Se explican paso a paso los criterios SMART y su implementación en un contexto real.

Accede al vídeo desde aquí:

https://redirectoronline.com/comm097po0202

2.3. Estructura de un plan de *marketing*

Una vez analizados los aspectos generales de la empresa, es momento de elaborar el plan de *marketing*. A continuación, se presentan los **apartados** esenciales que este documento debe contener para que sea considerado completo, coherente y funcional:

➲ **Análisis.** Este apartado es clave en el plan de *marketing,* ya que permite conocer la situación de la empresa frente a la competencia. Incluye el análisis del negocio, del sector al que pertenece, del público objetivo y de los competidores:

   ◑ **Análisis interno.** Este bloque analiza el negocio para identificar factores que puedan influir en el plan de *marketing,* destacando la historia de la empresa, sus productos, su estructura organizativa, su misión, su valor estratégico, su organigrama, el personal y su capacidad productiva para atender la demanda prevista.
   ◑ **Análisis socioeconómico.** Este bloque se centra en el análisis del macroentorno que puede influir en la empresa o sus productos, considerando aspectos legales nacionales e internacionales, factores socioeconómicos, capacidad financiera, estructura comercial, situación de los mercados, públicos objetivos y canales de distribución más adecuados.
   ◑ **Análisis de los consumidores.** En este punto se analiza el consumidor o público objetivo, evaluando sus características a través de datos demográficos y estudiando tanto el volumen global como el potencial de compra del nuevo producto.
   ◑ **Análisis de la competencia.** Es fundamental conocer a los competidores mediante un análisis individual y comparativo, utilizando una plantilla común que facilite la evaluación. No todos tienen el mismo impacto en la empresa, por lo que deben clasificarse según su repercusión. El análisis debe abordar sectores en los que operan, perfil de sus clientes, estrategias de captación, presencia geográfica, política de precios, objetivos y estrategias de *marketing,* campañas promocionales, atención al cliente, y sus fortalezas y debilidades.
   ◑ **Estudio de mercado.** Este punto requiere analizar la evolución de las ventas durante al menos los últimos cinco años, así como estimar las cuotas de mercado de la competencia. El estudio de mercado debe incluir un análisis estratégico del sector, el modelo de las cinco fuerzas de Porter y el estudio de grupos estratégicos, alianzas y rivalidades existentes.
   ◑ **Estudio del producto.** Es necesario analizar el producto de forma general para conocer su notoriedad, sus atributos y su ciclo de vida, considerando también la existencia de productos sustitutivos, complementarios y su relación dentro de una gama de productos.
   ◑ **Estudio de precios.** Es fundamental analizar los precios del producto, evaluando su nivel, las cuotas de venta según rangos de precios, la elasticidad de la demanda y la percepción que tiene el consumidor sobre su valor.

◗ **Estudio proceso de compra.** Para comprender el comportamiento del cliente, es clave analizar los factores que influyen en el proceso de compra, como la presencia de frenos o aceleradores de compra, la tasa y la frecuencia de compras, el volumen por cliente, la fidelización y el grado de satisfacción con la experiencia de compra.

◗ **Estudio canales de distribución.** Deben estudiarse todos los canales de distribución que se utilizan y sus características específicas.

◗ **Análisis DAFO.** El análisis DAFO permite identificar las debilidades, las amenazas, las fortalezas y las oportunidades de la empresa, ayudando a detectar sus ventajas frente a la competencia y las áreas que necesita mejorar para fortalecer su posición en el mercado.

➲ *Marketing* **estratégico.** Una vez finalizado el análisis inicial, es momento de centrarnos en la estrategia que se va a seguir para conseguir la correcta planificación del plan de *marketing* antes de ejecutar las acciones planificadas:

◗ **Estrategia de *marketing.*** La estrategia de *marketing* debe alinearse con el modelo de empresa y sus objetivos a corto, medio y largo plazo. Para definirla, es esencial establecer claramente los objetivos, identificar la ventaja competitiva y determinar la acción principal que se desea lograr, como aumentar la penetración en el mercado o lanzar un nuevo producto o servicio.

◗ **Segmentación.** La segmentación de la audiencia puede basarse en ubicación, necesidades, sector u objetivos, pero lo fundamental es identificar y clasificar correctamente los perfiles de usuarios para aplicar la estrategia más adecuada a cada uno.

◗ **Posicionamiento.** Para destacar en tu sector, debes posicionar y aprovechar tu ventaja competitiva frente a la competencia, apoyándote en las características de tus productos o servicios, resaltando sus diferencias y destacando los atributos clave que te permitan posicionarte por encima del resto.

➲ *Marketing* **operativo.** El último apartado se enfoca en las estrategias que implementar, basándose en las cuatro P del *marketing* mix: producto, precio, punto de venta (distribución) y promoción:

◗ **Política de producto.** Este apartado se enfoca en la parte física del producto, incluyendo su fabricación, los materiales, los servicios complementarios, el empaquetado, el embalaje y los costes de producción. Si se trata de un servicio, se debe definir claramente qué incluye y qué se ofrece.

◗ **Política de precio.** El precio es clave para posicionar el producto o servicio frente a la competencia y debe fijarse adecuadamente, asegurando la cobertura de los costes de fabricación y el margen de ganancia deseado.

- ↻ **Política de distribución.** Este apartado debe justificar la elección de los canales de distribución y la estrategia seguida, incluyendo una comparativa de sus ventajas e inconvenientes, así como un análisis entre lo que se espera obtener de cada canal y lo que realmente ofrecen.

- ↻ **Política de ventas.** Este apartado trata sobre la venta y la organización comercial de la empresa, incluyendo la fijación de objetivos de ventas a corto, medio y largo plazo, la estructura del departamento comercial, el argumentario de ventas, los elementos promocionales de apoyo y el cálculo del coste de las ventas.

- ↻ **Política de comunicación.** En este apartado se definen los objetivos y la estrategia de comunicación, adaptados al modelo de *marketing* elegido. En *marketing* tradicional se detallan los canales y las acciones de comunicación, el patrocinio, las promociones y el *merchandising*. En *marketing* digital, se abordan el uso del sitio web, las estrategias de posicionamiento SEO/SEM y la gestión de redes sociales.

- ↻ **Cronograma de puesta en marcha.** Es el momento de organizar y calendarizar todas las acciones del plan de *marketing*, asegurando una correcta temporalización para evitar solapamientos entre campañas, lo cual podría comprometer su efectividad.

- ↻ **Plan económico.** El plan económico determina la viabilidad del plan de *marketing*; si no resulta viable, será necesario ajustarlo hasta lograr que sea sostenible y ejecutable.

 **VÍDEO**

Visualiza el siguiente vídeo en el cual se desarrolla una guía paso a paso para elaborar un plan de *marketing* de forma clara, estructurada y eficaz; ideal para entender el proceso completo desde la planificación hasta la ejecución. Accede al vídeo desde aquí:

https://redirectoronline.com/comm097po0203

2.4. Los análisis DAFO y CAME para analizar el punto de partida

El primer paso, y uno de los más importantes, en la elaboración de un plan de *marketing* es el análisis de la situación actual. Este diagnóstico inicial permite establecer con precisión el punto de partida y definir el camino hacia los objetivos propuestos. Además, constituye la base sobre la cual se tomarán las decisiones estratégicas, ya que ofrece una visión clara de las capacidades, las limitaciones y el entorno de la empresa.

Para realizar este análisis, se suelen utilizar dos **herramientas complementarias:**

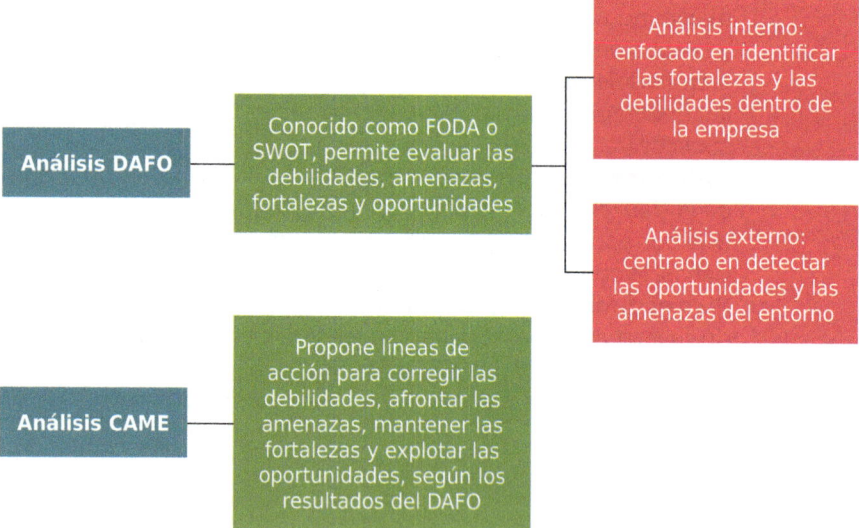

Cada uno de estos elementos debe situarse en su apartado correspondiente, como se muestra en la siguiente imagen:

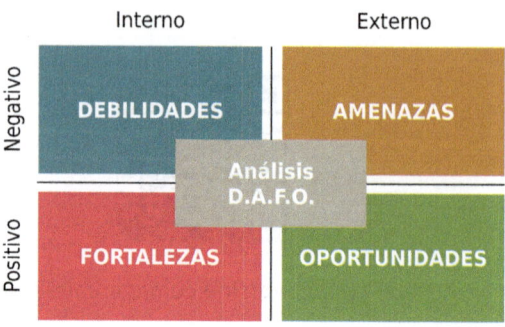

● **Interno.** El análisis interno se enfoca en identificar las fortalezas y las debilidades de la empresa, permitiendo conocer sus recursos y capacidades diferenciadoras frente a la competencia:

  ◑ **Debilidades:** las debilidades son características internas que colocan a la empresa en desventaja frente a sus competidores y dificultan el logro de los objetivos. Es fundamental identificarlas mediante un análisis crítico de procesos, recursos, clientes y competencia, con el fin de transformarlas en fortalezas que impulsen el crecimiento empresarial.
  ◑ **Fortalezas:** las fortalezas son los aspectos, tanto tangibles como intangibles, que otorgan a la empresa una ventaja competitiva frente a los demás. Identificarlas implica reconocer lo que se hace mejor que la competencia, valorar los recursos clave y apoyarse en los logros alcanzados, además de conocer la percepción positiva que tienen los clientes sobre la empresa.

● **Externo.** La parte externa del análisis DAFO evalúa los factores del entorno, tanto positivos como negativos, que pueden influir en el desempeño de la empresa y en su capacidad para alcanzar los objetivos:

  ◑ **Amenazas:** las amenazas son factores externos que pueden dificultar que la empresa compita con éxito y alcance sus objetivos. Este análisis incluye la evaluación de competidores, las tendencias del mercado, las condiciones socioeconómicas, los cambios legislativos y tecnológicos, así como cualquier situación que pueda afectar negativamente al desarrollo normal de la actividad empresarial.
  ◑ **Oportunidades:** las oportunidades son factores externos que pueden impulsar el crecimiento y fortalecer la posición de la empresa en el sector. Identificarlas requiere analizar el mercado en busca de nuevos segmentos, tendencias e innovaciones, así como conocer las necesidades actuales y futuras de los clientes que la empresa puede cubrir para alcanzar sus objetivos.

La forma más habitual de realizar un análisis DAFO es mediante una matriz visual compuesta por cuatro cuadrantes, en los que se organizan las debilidades, las amenazas, las fortalezas y las oportunidades de la empresa. Esta estructura facilita una visión global y sintética del estado actual, lo que a su vez permite identificar distintas áreas clave para mejorar la toma de decisiones estratégicas.

◉ EJEMPLO

En el sitio web de HubSpot hay una serie de ejemplos de análisis FODA aplicados a empresas de distintos sectores. Estos casos pueden ayudar a entender mejor cómo estructurar y aplicar esta herramienta estratégica. Accede a los ejemplos desde aquí:

https://redirectoronline.com/comm097po0204

Una vez completada la matriz DAFO, se pueden definir las acciones necesarias para convertir las debilidades en fortalezas y transformar las amenazas en oportunidades, gracias al análisis CAME.

Para que este diagnóstico refleje con precisión la realidad de la empresa y sea realmente útil para la toma de decisiones, es importante considerar las siguientes recomendaciones:

Ten en cuenta los factores internos
- Los factores internos, como debilidades y fortalezas, suelen ser más fáciles de abordar, ya que la empresa tiene control sobre ellos. Su resolución dependerá del tipo de problema y del alcance que este tenga dentro de la organización.

Examina los factores externos
- Los factores externos, como la competencia, las tendencias del mercado y otros elementos ajenos a la empresa, escapan a su control y son más difíciles de gestionar, ya que sus resultados no dependen directamente de las acciones internas.

Continúa en página siguiente >>

<< Viene de página anterior

Favorece el trabajo en equipo
- El trabajo en equipo en la empresa es enriquecedor, ya que permite aportar diferentes perspectivas y soluciones. Sin embargo, se recomienda que los equipos no superen las diez personas para mantener su operatividad y su eficacia en reuniones y decisiones.

Incorpora la creatividad
- Las reuniones de trabajo han evolucionado, dejando atrás los entornos formales para dar paso a espacios más distendidos, donde la creatividad se ha convertido en un recurso clave para la resolución de problemas y la toma de decisiones.

Clasifica las ideas
- Una vez definidas las ideas, deben clasificarse y ordenarse de mayor a menor adecuación, para luego implantarlas en la empresa y poner en marcha los cambios necesarios.

El análisis DAFO es una herramienta muy eficaz para planificar el crecimiento de una empresa. No solo ayuda a definir una hoja de ruta clara, sino que también ofrece una visión detallada de la competitividad de la marca frente a otras del mismo sector.

IMPORTANTE

El análisis DAFO no se limita únicamente al ámbito empresarial. También puede aplicarse en el ámbito personal, especialmente para quienes desean identificar sus fortalezas y debilidades dentro del mercado laboral. Esto les permite mejorar su empleabilidad y orientar de forma más estratégica su desarrollo profesional.

Algunas **razones** clave por las que las empresas deben considerar realizar un análisis DAFO son:

Identificar dónde se encuentran las oportunidades
- El principal beneficio del análisis es que permite identificar oportunidades de crecimiento, especialmente útil cuando no se sabe por dónde empezar. Estas oportunidades pueden surgir tanto de factores externos, como la diversificación de productos, como de factores internos, como la mejora de los flujos de trabajo.

Identificar las áreas de mejora
- Identificar debilidades y amenazas en el análisis permite definir una estrategia de superación basada en el aprendizaje de los errores, lo que contribuye a mejorar las estrategias de negocio de la empresa.

Identificar las áreas que están en riesgo
- Identificar los riesgos antes de que ocurran es fundamental, ya que permite tenerlos controlados, mejorar los procesos internos y tomar decisiones empresariales más acertadas.

 PARA SABER MÁS

En el blog de Holded se pueden consultar varios ejemplos de análisis DAFO aplicados a empresas de distintos sectores. Estos ejemplos ayudan a comprender cómo utilizar esta herramienta de manera práctica y adaptada a diferentes contextos empresariales. Accede al blog desde aquí:

https://redirectoronline.com/comm097po0205

Llegados a este punto, es importante tener en cuenta que realizar un análisis DAFO es especialmente recomendable al iniciar un nuevo proyecto, ya que proporciona una comprensión precisa del punto de partida. No obstante, esta herramienta también es de gran utilidad en otros momentos clave, como por ejemplo:

- ⊃ **Cuando cambian las condiciones del negocio.** Ante cambios en las condiciones del negocio, es recomendable realizar un análisis DAFO, ya que facilita la adaptación y el proceso de transición hacia una nueva forma de trabajar.
- ⊃ **Cuando cambian las condiciones del mercado.** La aparición de nuevos competidores o cambios en la normativa y las condiciones económicas hacen recomendable un análisis DAFO, ya que permite anticiparse y prepararse mejor ante los cambios que se avecinan.
- ⊃ **Antes de la planificación estratégica.** Planificar estratégicamente implica introducir cambios en los recursos, por lo que realizar un análisis DAFO ayuda a conocer la situación de partida y tomar decisiones bien fundamentadas que aumenten las posibilidades de éxito del proyecto.
- ⊃ **Periódicamente.** Realizar un análisis de forma periódica proporciona información valiosa que puede aplicarse a corto plazo o integrarse en la planificación estratégica anual de la empresa para una toma de decisiones más eficaz.

El análisis CAME

El análisis CAME genera acciones concretas para mejorar la situación de la empresa, pero tanto CAME como DAFO enfrentan la limitación de tiempo y recursos para implementar todas las medidas. Por ello, es clave priorizar acciones alineadas con la estrategia general de *marketing*. CAME clasifica estas acciones en distintos tipos de estrategias según la situación específica de la empresa. A continuación, se describe cada una de ellas:

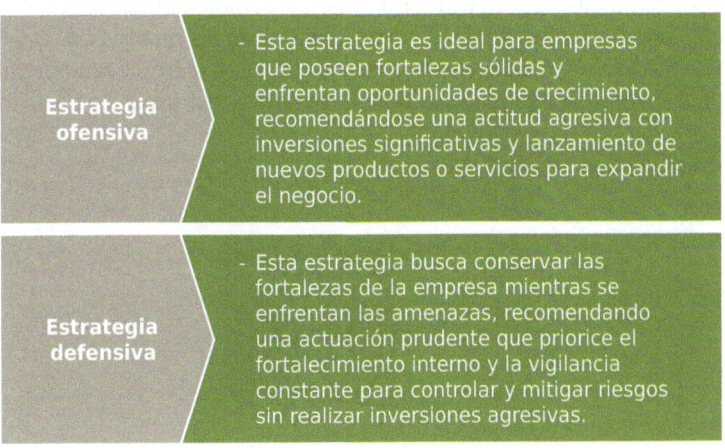

Estrategia ofensiva
- Esta estrategia es ideal para empresas que poseen fortalezas sólidas y enfrentan oportunidades de crecimiento, recomendándose una actitud agresiva con inversiones significativas y lanzamiento de nuevos productos o servicios para expandir el negocio.

Estrategia defensiva
- Esta estrategia busca conservar las fortalezas de la empresa mientras se enfrentan las amenazas, recomendando una actuación prudente que priorice el fortalecimiento interno y la vigilancia constante para controlar y mitigar riesgos sin realizar inversiones agresivas.

Continúa en página siguiente >>

<< Viene de página anterior

Estrategia de reorientación	- Esta estrategia se enfoca en corregir debilidades internas antes de aprovechar nuevas oportunidades, siendo ideal para empresas que enfrentan dificultades que limitan su desarrollo, pero identifican posibilidades de crecimiento en el entorno.
Estrategia de supervivencia	- Esta estrategia corresponde a empresas en situación crítica, que deben corregir sus debilidades internas y enfrentar las amenazas externas. Ante el predominio de factores negativos, se recomienda enfocarse en fortalecer áreas débiles y protegerse frente a riesgos para superar la crisis.

Al analizar la situación de una empresa, es común querer recopilar muchos datos pensando que así se logrará un mejor diagnóstico. Sin embargo, es crucial enfocarse solo en la información relevante, pues el exceso de datos puede saturar y dificultar la toma de decisiones y la aplicación de cambios estratégicos.

 PARA SABER MÁS

La revista digital del Instituto Europeo de Estudios Empresariales (INESEM) ha publicado un caso práctico en el que se aplican los análisis DAFO y CAME a una pequeña empresa textil ubicada en Galicia. Este ejemplo resulta útil para comprender cómo implementar estas herramientas estratégicas en un entorno real.

Accede al caso desde aquí:

https://redirectoronline.com/comm097po0206

 **VÍDEO**

En el siguiente vídeo se explican de manera clara y didáctica los conceptos fundamentales de los análisis DAFO y CAME, incluyendo su utilidad, su estructura y su aplicación práctica en los entornos empresariales. Accede al vídeo desde aquí:

https://redirectoronline.com/comm097po0207

 SABÍAS QUE...

Además de los análisis DAFO y CAME, también existe la matriz TOWS, una herramienta complementaria que permite desarrollar estrategias a partir del cruce entre factores internos y externos.

2.5. La importancia de un presupuesto de *marketing*

Cada acción empresarial tiene un coste, por lo que es esencial contar con un presupuesto de *marketing* que garantice la viabilidad de las estrategias. Este documento detalla las campañas planificadas, sus costes estimados y el impacto económico esperado, incluyendo partidas como publicidad *online*, *software* de *marketing*, gestión de redes sociales y producción de contenidos. Contar con un **presupuesto de *marketing*** bien definido es clave para:

Fondos	- Es fundamental conocer el presupuesto disponible para distribuirlo entre las distintas estrategias de *marketing* según la prioridad que se les asigne.
Control	- Controlar los costes permite identificar rápidamente desviaciones económicas respecto al plan inicial y realizar ajustes para evitar sobrepasarlos.
Recursos	- Es fundamental asignar más recursos a las acciones que funcionan mejor, pero para ello es necesario conocer sus costos y el retorno de inversión que generan, para evaluar su rentabilidad.
Histórico	- Revisar presupuestos anteriores permite conocer las inversiones y los resultados obtenidos, ayudando a evaluar el desempeño de las campañas de *marketing* y orientar los cambios necesarios basándose en su rentabilidad promedio.
Objetivos	- Para cada nueva partida del presupuesto, es importante definir claramente el objetivo y el resultado esperado, apoyándose en experiencias previas con partidas similares cuyo rendimiento ya se conoce.
Planificación	- Planifica a corto, medio y largo plazo para reflejar las acciones que realizar durante el año, lo que te permitirá centrarte en las campañas y las actividades específicas de cada período.
Inversión	- El gasto en *marketing* debe considerarse una inversión y una oportunidad para la empresa, usándose como herramienta clave para el desarrollo del negocio y la toma de decisiones.

 **PARA SABER MÁS**

En la siguiente publicación práctica se muestra cómo elaborar un plan de *marketing* completo en una sola hoja. Una opción ideal para organizar ideas de forma visual, rápida y efectiva. Accede a la publicación desde aquí:

https://redirectoronline.com/comm097po0208

2.6. Errores habituales en un plan de *marketing*

Una vez analizados los distintos elementos que intervienen en la elaboración de un plan de *marketing,* es importante detenerse a revisar algunos de los errores habituales que suelen cometerse durante su desarrollo y que se deben evitar. Entre los más habituales se encuentran:

- **Saltarse el estudio de mercado.** El estudio de mercado es el primer y a veces más complejo paso, debido a la gran cantidad de variables que analizar. Es importante recordar que la percepción de la marca varía entre quienes la conocen y quienes no, y también depende de factores como la ubicación geográfica del cliente.
- **Descuidar las estrategias de comunicación.** Aunque parezca sorprendente, hoy en día hay empresas que descuidan su comunicación, lo cual es un error, ya que, en un entorno altamente conectado, la comunicación clara y eficaz con el público objetivo, los clientes y la marca es fundamental para el éxito.
- **No cuantificar los objetivos.** Todos los objetivos del plan de *marketing* deben ser cuantificables y cualificables para facilitar su análisis y su evaluación. Para ello, es útil apoyarse en encuestas, informes u otros métodos de evaluación, asegurando que los objetivos sean SMART (específicos, medibles, alcanzables, relevantes y temporales).
- **Mantener productos no rentables.** Los productos perro son aquellos que no crecen ni tienen penetración en el mercado y suelen generar

más gastos que beneficios. Cuando una empresa solo cuenta con este tipo de productos, es necesario identificarlos y retirarlos para evitar pérdidas económicas.

⇒ **Ser incoherente.** Al elaborar un plan de *marketing,* es fundamental conocer los límites y las fortalezas y debilidades de la empresa. Además, la coherencia debe reflejarse en todas las acciones y las comunicaciones, respetando siempre los principios y los valores corporativos.

⇒ **No establecer roles.** Un plan de *marketing* tiene más probabilidades de fracasar si una sola persona asume toda la responsabilidad, ya que es difícil controlar todos los aspectos. Es mejor asignar roles y responsabilidades dentro del equipo para apoyar las decisiones y lograr mejores resultados en la ejecución del plan.

⇒ **Impulsividad.** Durante el desarrollo del plan de *marketing* puede surgir la tentación de actuar rápidamente ante problemas o resultados no deseados, pero es importante evitar las prisas, ya que el plan está diseñado para ejecutarse a corto, medio o largo plazo, no para soluciones inmediatas.

 **VÍDEO**

En el siguiente vídeo se muestra la manera correcta de definir los objetivos de un plan de *marketing* en seis pasos, una guía útil para evitar errores comunes desde el inicio del proceso estratégico. Accede al vídeo desde aquí:

https://redirectoronline.com/comm09po0209

2.7. El plan de acción de *marketing*

El plan de acción de *marketing* es clave para verificar si las tareas para alcanzar los objetivos se están cumpliendo. Este documento detalla acciones, responsables y plazos, facilitando un seguimiento claro del progreso. El éxito del plan depende del seguimiento riguroso de su ejecución. Es crucial que todos conozcan lo realizado, lo pendiente y los plazos de cada actividad.

Un plan de acción eficaz debe incluir los siguientes **elementos** clave:

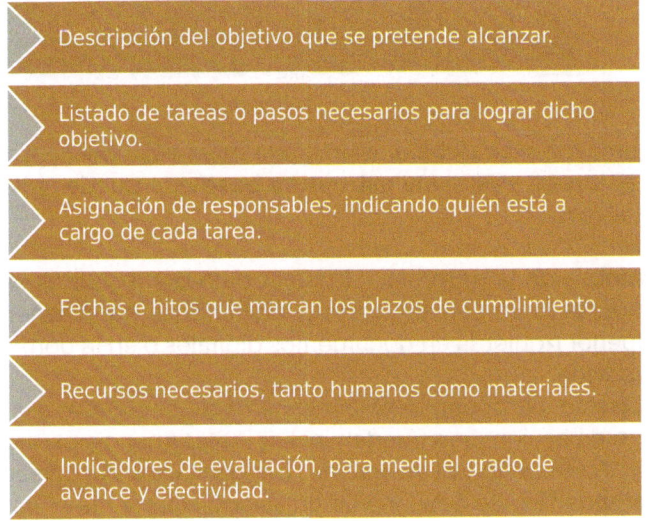

Descripción del objetivo que se pretende alcanzar.

Listado de tareas o pasos necesarios para lograr dicho objetivo.

Asignación de responsables, indicando quién está a cargo de cada tarea.

Fechas e hitos que marcan los plazos de cumplimiento.

Recursos necesarios, tanto humanos como materiales.

Indicadores de evaluación, para medir el grado de avance y efectividad.

Es importante tener en cuenta que el plan de acción es un documento dinámico: debe adaptarse continuamente a los cambios del entorno y a las nuevas circunstancias, manteniéndose siempre alineado con los objetivos globales de la empresa.

Todo plan de acción debe incluir, como mínimo, los siguientes **elementos:**

El perfil de la empresa
- Todo plan de acción debe incluir una descripción clara de la empresa, su misión, su visión y sus objetivos, junto con información sobre el sector, una breve historia, los hitos alcanzados, su posición en el mercado y los valores que la representan.

El valor que ofrece a la comunidad
- Es importante destacar los beneficios que la empresa aporta al entorno, como colaboraciones con asociaciones, generación de empleo para personas vulnerables e inversiones en la comunidad donde está ubicada.

Continúa en página siguiente >>

<< Viene de página anterior

> **Establecer los beneficios esperados**
> - Cuando una empresa desarrolla un plan de acción
> busca beneficios como mejorar su imagen, fortalecer
> relaciones con el entorno, aumentar ganancias
> o asumir responsabilidad social. Sea cual sea el
> objetivo, debe quedar claramente reflejado en el plan
> para mantener el enfoque durante su ejecución.

Aunque cada plan debe ajustarse a la naturaleza del proyecto y al sector de la empresa, existe una **estructura base** que puede aplicarse de forma generalizada:

- **Nombre de la empresa.** El primer dato por incluir es el nombre de la empresa junto con su logotipo, ubicándose generalmente en la parte superior izquierda en documentos digitales o en la portada en formatos impresos.
- **Objetivo.** Se deben describir claramente el objetivo y el propósito del plan de acción, que pueden incluir metas financieras, mejora de procesos, optimización de inversiones o capacitación del personal, entre otros.
- **Actividades.** Se debe incluir un listado claro y breve de las tareas que realizar para concretar el proyecto, acompañadas, si se desea, de una breve descripción sobre cómo ejecutarlas.
- **Duración.** Es necesario temporalizar cada acción estableciendo fechas de inicio y fin, pudiendo especificar también períodos más detallados con horas, minutos o segundos si se requiere.
- **Responsable.** Se debe asignar y registrar el departamento o la persona responsable de ejecutar cada tarea, pudiendo incluir el nombre o incluso una fotografía para hacer el plan de acción más visual y claro.
- **Progreso.** Para medir el avance del plan de acción, se suele usar una barra de progreso o un porcentaje que permita visualizar fácilmente el estado. Colorear el indicador facilita identificar rápidamente el nivel de desarrollo del proyecto.

Además de los elementos principales, es habitual incorporar un diagrama de Gantt, que representa de forma visual la temporalización del plan. Esta herramienta facilita el control de las tareas, establece los responsables y las fechas límite, permitiendo un seguimiento más eficiente.

Existen distintos **tipos de planes de acción,** dependiendo del enfoque o del área a la que se apliquen:

Estratégico	- Un plan de acción estratégico se enfoca en la estrategia que la empresa seguirá para alcanzar sus objetivos, transformando metas en acciones concretas. Por ejemplo, un plan podría buscar aumentar la confianza de los empleados en la toma de decisiones para mejorar la eficiencia, definiendo pasos claros y ofreciendo incentivos económicos como recompensa.
Comercial	- Los planes de acción comercial son documentos que reúnen todas las acciones comerciales de la empresa para evaluar si los resultados cumplen las expectativas. Este plan debe responder a preguntas clave como cómo alcanzar los objetivos comerciales, el tiempo necesario, qué vender, a quién y cómo hacerlo.
Marketing	- El plan de acción de *marketing* se enfoca en las estrategias específicas de cada departamento, alineadas con un objetivo común. Define las campañas, los contenidos, los canales y otros elementos que la empresa utilizará para comunicar sus valores y alcanzar sus metas.

Aunque puede parecer una tarea sencilla, desarrollar un plan de acción realmente eficaz requiere de planificación, análisis y organización. Para ello, es fundamental seguir una serie de etapas bien definidas:

- ➲ **Define el objetivo final.** Para evitar el fracaso, es fundamental tener claras las acciones y los objetivos desde el inicio. Define tu punto de partida y hacia dónde quieres ir, analiza la situación, evalúa y prioriza alternativas para alcanzar tu meta. Recuerda que todo objetivo debe ser SMART: específico, medible, alcanzable, relevante y temporalizable.
- ➲ **Enumera las etapas que seguir.** Con un objetivo claro definido, el siguiente paso es crear una plantilla que incluya las tareas que realizar, sus fechas y responsables. Es clave que todos los implicados conozcan el proceso, sus funciones y responsabilidades. Además, las tareas deben ser alcanzables, pudiendo dividirse en subtareas más pequeñas para facilitar su gestión.
- ➲ **Establece las tareas y las fechas de cumplimiento.** Es fundamental priorizar las tareas con cuidado, ya que al dar prioridad a unas, otras pueden quedar inutilizadas; por eso, hay que considerar el proyecto en

su conjunto. Para temporalizarlas, lo mejor es asignar fechas realistas de cumplimiento, basándose en la experiencia de quienes las ejecutarán.

⊃ **Identifica los recursos.** Antes de iniciar el proyecto, es esencial verificar que se cuenta con los recursos necesarios; si no es así, hay que elaborar un plan para obtenerlos. Los presupuestos son una herramienta clave para determinar el coste de cada tarea dentro del proyecto.

⊃ **Visualiza el plan de acción.** El último paso consiste en crear un mapa o esquema que resuma el proyecto, las tareas, la temporalización y todos los elementos relacionados, de modo que, con un solo vistazo, todos los participantes puedan entender y compartir el desarrollo del proyecto fácilmente.

 **RECUERDA**

El plan de acción debe contemplar los objetivos, las tareas específicas, los responsables, las fechas de ejecución y los recursos necesarios. Cuando está correctamente diseñado, no solo permite anticiparse a las posibles dificultades, sino que también contribuye a minimizar su impacto, lo que se traduce en una mayor eficiencia, productividad y enfoque en lo verdaderamente estratégico.

Entre sus principales **ventajas** destacan:

Dirección

Un plan de acción define los pasos que se deben seguir y cuándo se deben llevar a cabo, ofreciéndonos una dirección clara de hacia dónde nos tenemos que enfocar y qué tenemos que hacer.

Motivación

Tener las metas escritas y planificadas nos ayudará a motivarnos y comprometernos mientras dure el proyecto para tratar de alcanzar los objetivos propuestos.

Continúa en página siguiente >>

<< Viene de página anterior

Seguimiento

Mediante un plan de acción podremos comprobar el grado de consecución de las tareas que se deben realizar para alcanzar nuestro objetivo.

Prioridad

Como hemos enumerado todos los pasos que vamos a seguir dentro de nuestro plan de acción, podremos medir y priorizar las tareas de acuerdo con el esfuerzo que requieran y el impacto que tengan sobre el objetivo.

2.8. Herramientas de apoyo para el plan de *marketing*

El diseño manual de planes de acción de *marketing,* con papel y lápices de colores, ha quedado en el pasado. Hoy, estos planes se crean y gestionan mediante herramientas digitales que agilizan su elaboración y permiten el seguimiento y la actualización en tiempo real. El uso de aplicaciones especializadas ofrece múltiples beneficios, entre ellos:

- **Organización.** La digitalización de datos mejora la organización y el seguimiento de tareas al centralizar la información en una plataforma accesible para responsables y colaboradores, facilitando el uso de listas de verificación y la generación de informes.
- **Comunicación.** Las tecnologías de tareas colaborativas facilitan un trabajo más fluido al permitir monitorizar en tiempo real el progreso, recoger comentarios sobre dificultades y ofrecer soluciones rápidas, evitando que el proyecto se detenga por estos inconvenientes.
- **Rentabilidad.** Las aplicaciones permiten enviar notificaciones y recordatorios al equipo, asignar recursos y generar informes que pueden incluir imágenes, centralizando toda la información en un solo lugar y evitando tener que recopilar datos repetidamente para cada informe.
- **Informes.** Las aplicaciones permiten personalizar el nivel de detalle de los informes según el destinatario, el objetivo de la evaluación o para realizar una auditoría al concluir el proyecto.
- **Productividad.** Gracias a que las herramientas ofrecen una visión global del estado de las acciones planificadas, podemos conocer el tiempo dedicado a cada tarea, enfocarnos en las más importantes y detectar incidencias que puedan retrasar el proyecto.

Existen numerosas **aplicaciones** que pueden facilitar la creación y la gestión de un plan de acción de *marketing*. Algunas de las más destacadas son:

➲ **Asana.** Es una plataforma para gestionar equipos y tareas, que permite asignar responsabilidades, establecer plazos y facilitar la comunicación interna. Ofrece funciones como generación de informes, calendarios, seguimiento de proyectos y gestión de archivos adjuntos. Además, se integra con herramientas como *Zoom, Figma* y *Google Workspace,* y desde 2023 incluye inteligencia artificial para mejorar su rendimiento.

➲ **LiquidPlanner.** Es una solución SaaS para la gestión de proyectos que permite establecer rangos de fechas flexibles para la ejecución de tareas, en lugar de plazos fijos, ajustando automáticamente la temporalización del proyecto a medida que se completan las acciones. Cuenta con una aplicación móvil que facilita la interacción eficiente entre los miembros del equipo.

➲ **SafetyCulture.** Es un *software* de gestión de proyectos que permite crear y asignar acciones, actualizando automáticamente las siguientes si no se cumplen los plazos. Facilita la definición de acciones correctivas y preventivas, fomenta la colaboración del equipo para reducir tiempos de respuesta, y digitaliza procedimientos, recogida de datos e informes inmediatos. Además, registra diariamente las tareas y notifica a los responsables cuándo deben intervenir.

➲ **TimeCamp.** Es una aplicación enfocada en el seguimiento del tiempo dedicado a tareas que permite planificar actividades según el tiempo requerido. Se integra con diversas herramientas y es útil para múltiples sectores. Su plan estándar es gratuito, facilitando su uso sin coste inicial. Además, diferencia las horas facturables de las no facturables, generando facturas automáticamente.

➲ **Todoist.** Es una aplicación gratuita y fácil de usar para la gestión de tareas, adecuada tanto para uso personal como empresarial. Permite dividir proyectos en subproyectos, facilitando el seguimiento de tareas completadas y pendientes. Se organiza mediante etiquetas, prioridades y filtros, incluyendo herramientas para reducir la procrastinación.

➲ **Trello.** Es una herramienta de gestión de proyectos en línea que organiza tareas y equipos mediante tableros, listas y tarjetas, facilitando un trabajo colaborativo eficiente. Las tarjetas pueden incluir información, comentarios, archivos, fechas de vencimiento y responsables. Además, se integra con aplicaciones como *Slack, Google Drive* y *Dropbox* para sincronizar el trabajo.

➲ **Wrike.** Es un *software* de gestión de proyectos que facilita la gestión de la carga de trabajo mediante flujos personalizados y un entorno colaborativo. Ofrece diagramas de Gantt interactivos para monitorear y ajustar plazos en tiempo real, y clasifica tareas en tres estados: nueva, en curso y completada. Destaca por permitir insertar y editar imágenes directamente para mejorar la comunicación y reducir errores. Además, permite compartir informes interactivos y actualizaciones en tiempo real.

3. ¿Qué es el *marketing* digital?

👉 HILO CONDUCTOR

Aunque Juan y María trabajan en una pequeña agencia de *marketing,* se preguntan qué es realmente el *marketing* digital. Descubrirán que se trata de un conjunto de estrategias y acciones promocionales que se desarrollan a través de canales y plataformas digitales, como los sitios web, las redes sociales, los motores de búsqueda, el correo electrónico y la publicidad *online.*

A diferencia del *marketing* tradicional, el *marketing* digital les permite segmentar mejor a su audiencia, interactuar con ella en tiempo real y medir cada resultado con precisión. Para ellos, el *marketing* digital además de una herramienta para vender también es una forma de conectar con sus clientes, entender sus necesidades y construir relaciones sostenibles en el entorno *online.*

El *marketing* digital comparte muchos principios con el *marketing* tradicional, pero se distingue por apoyarse en internet y en las tecnologías digitales para promocionar y comercializar los productos o servicios de una marca o empresa.

El marketing digital involucra a todos los departamentos de la empresa.

En sus comienzos, solo unas pocas empresas tenían presencia digital. No obstante, con el tiempo, el *marketing* digital se ha consolidado como una herramienta clave para las empresas que quieren destacar en el entorno *on-*

line. Esto se debe, en gran medida, a las numerosas **ventajas** que ofrece, entre las que destacan:

➲ **Visibilidad.** Para que nuestra marca destaque en internet frente a la competencia, es fundamental aumentar el tráfico y aprovechar esa oportunidad para mejorar su visibilidad.

➲ **Ventas.** El objetivo final es incrementar las ventas del negocio, tanto en el ámbito *online* como *offline*.

➲ **Flexibilidad.** Una ventaja del *marketing* digital es la posibilidad de ajustar y corregir las estrategias en tiempo real si los resultados no son los esperados, permitiendo así optimizar el camino hacia los objetivos planteados.

➲ **Económico.** Las estrategias digitales suelen ser más económicas que las tradicionales, lo que se traduce en menores costes y gastos para la empresa.

➲ **Alcance.** El *marketing* digital permite alcanzar a un mayor número de clientes sin importar su ubicación ni el dispositivo que usen, lo que es especialmente beneficioso para tiendas *online*.

➲ **Segmentación.** Una de las características clave del *marketing* digital es la capacidad de dirigir las campañas específicamente al público objetivo que mejor se alinea con los objetivos de la empresa.

➲ **Medición.** El *marketing* digital ofrece una amplia variedad de métricas e indicadores que permiten un control detallado y exhaustivo del rendimiento de las campañas.

➲ **Inmediatez.** Al poder monitorizar el rendimiento de las campañas en tiempo real, es posible corregirlas rápidamente si no se están alcanzando los objetivos o solucionar imprevistos que surjan durante su ejecución.

➲ **Menos intrusivo.** Una característica del *marketing* tradicional es que suele saturar al usuario con publicidad, independientemente de su interés. En cambio, el *marketing* digital permite dirigir la comunicación solo a quienes han mostrado interés o interacción con la marca, sus productos o servicios.

➲ **Fidelización.** Podemos interactuar con los usuarios que han mostrado interés en nuestros productos, fortaleciendo su fidelización y su relación con la marca.

➲ **Clientes.** El *marketing* digital facilita a las empresas mantener contacto directo con los clientes, conocer sus opiniones sobre los productos e interactuar con ellos sin necesidad de realizar un estudio de mercado formal.

➲ **Rentabilidad.** Existen canales y estrategias adaptados a diferentes tamaños de empresas, lo que permite que cualquier empresa pueda implementar diversas tácticas de *marketing* según sus capacidades y necesidades.

3.1. Ventajas del *marketing* digital sobre el *marketing offline* tradicional

Aunque el *marketing* tradicional sigue siendo importante, el *marketing* digital ha crecido exponencialmente gracias al avance de internet y al mayor tiempo que las personas pasan conectadas. Se diferencia del *marketing* tradicional en varios aspectos clave, tales como:

- ⮞ **Segmentación más precisa.** El *marketing* digital mejora la segmentación de audiencias al considerar hábitos de consumo, ubicación, preferencias y gustos personales, lo que permite personalizar campañas y enfocarlas en los segmentos más adecuados para maximizar resultados.
- ⮞ **Medición más clara.** El *marketing* digital permite definir con mayor precisión la audiencia, sus gustos y preferencias, además de monitorizar en tiempo real los resultados de las acciones implementadas.
- ⮞ **Precio del *marketing*.** El *marketing* tradicional suele ser más costoso que el digital, ya que los anuncios en medios impresos o de comunicación tienen precios elevados y es difícil medir su impacto en el público objetivo. En cambio, el *marketing* digital requiere una inversión menor y ofrece mayor capacidad para cuantificar resultados.
- ⮞ **Velocidad de implementación.** Gracias a internet, cualquier persona en el mundo puede acceder rápidamente a información sobre una marca o empresa. Incorporar internet en nuestras estrategias permite implementar diversas técnicas de *marketing* digital, apoyándose en herramientas *online* que facilitan su integración en el plan de *marketing*.
- ⮞ **Interactividad.** Una ventaja clave del *marketing* digital es la interacción directa con el usuario, donde la experiencia en la compra y el uso del producto cobra más importancia que el producto en sí mismo.
- ⮞ **Mayor alcance.** La reducción de distancias entre empresas y clientes ha sido muy positiva, permitiendo crear campañas dirigidas a usuarios en cualquier parte del mundo. Esto multiplica las oportunidades para que los consumidores conozcan e interactúen con las empresas, ampliando las posibilidades de promoción a través de diversos canales.
- ⮞ **Personalización y precisión.** Las empresas realizan acciones personalizadas según las necesidades de sus consumidores, lo que reduce costos y aumenta la eficiencia al enfocarse en personas realmente interesadas. Además, fomenta esfuerzos para mantener y fidelizar a ese público potencial, evitando pérdidas y fortaleciendo la relación con la marca.
- ⮞ **Retención de clientes.** Tras recopilar información sobre los clientes y usar herramientas de automatización, es clave fidelizarlos posicionando la empresa como una autoridad en su sector. Para ello, es fundamental ofrecer un servicio posventa de calidad que incentive la repetición de compra.

ACTIVIDAD COMPLEMENTARIA

3. Investiga en fuentes externas acerca del nacimiento del *marketing* digital. Realiza un pequeño resumen con los datos obtenidos.

4. Estrategias para *marketing* digital

 HILO CONDUCTOR

Con el objetivo de posicionar su empresa y atraer a nuevos clientes, Juan y María comienzan a aplicar diversas estrategias de *marketing* digital. Se han dado cuenta de que no existe una fórmula única, sino que deben aplicar un conjunto de tácticas que se combinan según las metas definidas. Entre sus metas principales deciden trabajar el posicionamiento SEO para mejorar su visibilidad en los buscadores, el *marketing* de contenidos para educar a su audiencia y el desarrollo de diversas campañas en redes sociales para generar comunidad alrededor de su marca.

También explorarán el *e-mail marketing* para mantener un contacto directo con sus clientes, el uso de anuncios pagados para atraer tráfico cualificado, y la automatización para optimizar sus procesos y nutrir *leads.* Gracias a estas estrategias, Juan y María, además de aumentar su alcance, establecerán conexiones reales con sus usuarios en el entorno digital.

Una estrategia de *marketing* digital es un plan que define objetivos, canales y acciones para promocionar una marca, un producto o un servicio en el entorno digital. Comienza con el análisis del público objetivo para crear contenidos relevantes que capten su atención, generen conexión y fidelicen. Dado que el *marketing* digital incluye áreas como SEO, SEM, redes sociales y desarrollo web, es crucial seleccionar la combinación de estrategias que mejor se adapte a las características y los objetivos de cada empresa.

El marketing digital debe establecer objetivos claros en todos los canales donde se implementará la estrategia.

Aunque las estrategias varían en función del tipo de empresa, de sus metas y del perfil de su audiencia, suelen tener una serie de **elementos comunes:**

- **Análisis del mercado del público objetivo.** Es fundamental entender el mercado y analizar el público objetivo, investigando tendencias, competidores y características demográficas, psicográficas y comportamentales de los clientes potenciales.
- **Objetivos y métricas de rendimiento.** Es esencial establecer objetivos claros y alineados con la estrategia empresarial, asegurándose de que sean SMART (específicos, medibles, alcanzables, relevantes y temporales), y definir las métricas para evaluar el desempeño de la estrategia.
- **Selección de canales y estrategias.** Selecciona los canales más adecuados para alcanzar al público objetivo, como páginas web, *e-mail marketing,* redes sociales y publicidad *online,* y define las acciones específicas que se realizarán en cada uno de ellos.
- **Creación de contenido.** Desarrolla un plan de contenido relevante que incluya artículos de blog, vídeos e infografías, definiendo el mensaje y la línea editorial de la empresa. Utiliza un gestor de contenidos (CMS) para facilitar la creación y la gestión de estos materiales.
- **Planificación y ejecución de la campaña.** Define las campañas de *marketing* que implementar, estableciendo un calendario, un presupuesto, la asignación de recursos y la ejecución de las distintas estrategias.
- **Seguimiento y análisis.** Implementa herramientas de análisis y seguimiento para evaluar métricas clave, analiza los resultados obtenidos y ajusta las acciones para alcanzar los objetivos planificados.
- **Optimización.** Realiza ajustes y mejoras basados en los resultados obtenidos para maximizar el rendimiento de la estrategia de *marketing* y alcanzar los objetivos establecidos.

Ahora es el momento de construir una estrategia de *marketing* digital integral. Para ello, es fundamental seguir una serie de fases bien definidas que aseguren un enfoque sólido y coherente:

- **Analiza a tu público objetivo.** Para diseñar una estrategia de *marketing* efectiva, *online* y *offline*, es crucial conocer a quién nos dirigimos. Para perfilar a los clientes ideales, se debe recopilar información cuantitativa, como ubicación, edad, género e ingresos (aunque esta última puede ser sensible), y cualitativa, como sus objetivos, problemas, aficiones, intereses y prioridades, a través de conversaciones y análisis que permitan adaptar productos, contenido y colaboraciones a sus necesidades.
- **Identifica los objetivos y los elementos que necesitas.** Los objetivos deben alinearse con los propósitos de la empresa, como atraer nuevos clientes (*leads* y *leads* calificados), aumentar ventas e ingresos, incrementar el tráfico web, mejorar el reconocimiento de la marca, y retener y fidelizar clientes.
- **Evalúa tus canales digitales.** Para diseñar una estrategia de *marketing* digital, es importante conocer los canales disponibles:

    - **Medios propios:** plataformas y contenidos digitales controlados completamente por la empresa, como su sitio web y sus redes sociales.
    - **Medios obtenidos:** promoción que surge de manera orgánica a través de recomendaciones, menciones, opiniones de clientes o artículos externos.
    - **Medios pagados:** canales donde se realiza una inversión económica para captar la atención del público objetivo.

- **Planifica contenidos y publicidad.** El contenido es clave, pues transmite la esencia de la empresa al público objetivo. Debes cuidar las secciones sobre la empresa, la descripción de productos, los blogs y las redes sociales, ya que el contenido de calidad te posiciona como referente en tu sector. Para cumplir los objetivos del plan de *marketing*, audita y reutiliza el contenido con mejor rendimiento, identifica y evita contenidos poco relevantes, planifica temáticas y publicaciones en un plan de contenidos, y asigna presupuesto para optimizar la inversión.
- **Unifica las acciones.** Es momento de elaborar el documento estratégico que recopile los aspectos clave de la estrategia digital, incluyendo:

    - Perfil del público objetivo.
    - Objetivos de *marketing*.
    - Planificación de medios propios, obtenidos y pagados.
    - Plan de creación de contenidos.

- **Implementa y optimiza.** Implementa y optimiza tus campañas según el plan establecido. Verifica los resultados y el correcto funcionamiento de todos los elementos utilizados. Evalúa el rendimiento de las estrategias y realiza ajustes si no se alcanzan los objetivos planteados.

- **Mide los resultados.** Utiliza métricas relevantes y alineadas con tus campañas para analizar los datos, entender qué funciona y qué no, y así tomar decisiones informadas que optimicen los resultados.
- **Ajusta y mejora las estrategias.** Durante la implementación de las estrategias, es importante considerar posibles cambios en el comportamiento del usuario o suscriptor. Por ello, se deben realizar pruebas constantes que permitan mejorar los resultados a corto, medio y largo plazo.

4.1. Estrategias de *marketing* digital existentes

Internet ofrece diversas herramientas, muchas gratuitas, para mejorar la visibilidad de las empresas y conectar con su público objetivo. Hoy en día, cuando surge una duda o se necesita encontrar un producto o servicio, se suele buscar en Google. Por ello, es crucial que las marcas estén presentes en los canales digitales que frecuenta su audiencia.

Una mayor presencia *online* aumenta las oportunidades de ser descubiertas por nuevos usuarios. Además, con una estrategia de *marketing* digital bien diseñada que atraiga visitas y responda a las necesidades del público, es posible construir relaciones duraderas y fomentar la fidelización.

 **RECUERDA**

Es fundamental analizar qué estrategia digital es la más adecuada para la empresa entre las distintas opciones disponibles: posicionamiento SEO, publicidad SEM, gestión de redes sociales o desarrollo de páginas web, entre otras.

Entre las **estrategias de *marketing* digital** más utilizadas actualmente se encuentran:

- ***Inbound marketing.*** El *inbound marketing,* o *marketing* de atracción, es una estrategia que busca que las empresas sean descubiertas por las personas, estableciendo un canal de comunicación para entender sus problemas y ofrecer soluciones personalizadas. Para lograrlo, se utiliza el *marketing* de contenidos, proporcionando información relevante y accesible para todo el público.

⮩ **Marketing de contenidos.** La mayoría de las personas usan internet para buscar soluciones a sus problemas mediante motores de búsqueda, por lo que los contenidos más relevantes son aquellos que ofrecen dichas soluciones. Las empresas buscan posicionarse en los primeros lugares de estos buscadores ofreciendo información valiosa y contenidos útiles que atraigan, conviertan y fidelicen a su audiencia.

⮩ **Marketing en las redes sociales.** Las redes sociales son el espacio donde ocurre la mayor interacción entre el público y las marcas, convirtiéndose en un canal fundamental. A través de ellas, podemos promocionar contenidos y acciones que aumenten la visibilidad de la empresa y refuercen su visión y sus valores.

⮩ **E-mail marketing.** El *e-mail marketing* consiste en enviar correos comerciales a un grupo segmentado de personas interesadas en los contenidos. Esta estrategia es muy efectiva cuando se realiza con una buena segmentación y de manera constante.

⮩ **Optimización para motores de búsqueda (SEO).** Dentro de las estrategias de *marketing,* la optimización para motores de búsqueda (SEO) busca posicionar contenidos en los primeros resultados sin pagar. Se divide en:

  ◑ **SEO *on page:*** relacionado con elementos internos de la página, como títulos, metadescripciones, enlaces e imágenes.
  ◑ **SEO *off page:*** abarca factores externos al contenido, como tiempo de carga, configuración del servidor y enlaces entrantes.

⮩ **Publicidad en buscadores (SEM).** En la optimización para motores de búsqueda, también se pueden realizar campañas publicitarias de pago (SEM) para aparecer en los primeros puestos. Sin embargo, esta posición se mantiene solo mientras la campaña esté activa y, al finalizarla, la visibilidad depende del presupuesto que destinen los competidores, pudiendo variar los puestos en los resultados.

⮩ **Vídeo marketing.** Cada vez leemos menos y escaneamos más la información, por lo que el *marketing* audiovisual está en auge. Redes sociales como *YouTube, Instagram* o *Facebook* priorizan vídeos y transmisiones en vivo, reconociendo su importancia y los excelentes resultados que generan.

⮩ **Marketing local.** El *marketing* local comprende todas las acciones dirigidas a atraer a personas del entorno cercano para que descubran y visiten el negocio físico.

⮩ **Mobile Marketing.** El *mobile marketing* engloba todas las acciones de *marketing* diseñadas específicamente para dispositivos móviles. Su alta penetración se debe a que casi todos poseen al menos un dispositivo móvil, lo que facilita que los contenidos lleguen a una amplia audiencia y generen interés.

⮩ **Marketing conversacional.** Este *marketing* se basa en establecer una conversación personalizada con el público objetivo, ya sea directamente o mediante un *chatbot.* Es especialmente útil para brindar un servicio individualizado y recopilar dudas y necesidades, facilitando la entrega de contenidos adaptados a cada cliente.

⊃ ***Marketing*** **de afiliados.** Este método, muy común, consiste en aumentar ingresos mediante colaboraciones con otras empresas, personas o entidades que promocionan tus productos a cambio de una comisión por cada venta realizada a través de ellos.

 **VÍDEO**

En el siguiente vídeo de seosve, se explican de forma práctica diversas técnicas y estrategias de *marketing* digital para comprender cómo aplicarlas en contextos reales. Accede al vídeo desde aquí:

https://redirectoronline.com/comm097po0210

4.2. Métricas para evaluar una estrategia de *marketing online*

Una gran ventaja del *marketing* digital es su alta capacidad de medición, que permite evaluar con precisión el tiempo, la efectividad y el impacto de cada acción, facilitando la documentación y la toma de decisiones para optimizar estrategias futuras. Entre las **métricas** más comunes para medir el rendimiento se incluyen:

Visitantes únicos
- El número de visitantes únicos representa la cantidad de personas que acceden a nuestra web en un período determinado, contando cada dirección IP solo una vez. Por ejemplo, si una pareja visita el sitio desde el mismo equipo en diferentes momentos, se contabilizará como un solo visitante.

Continúa en página siguiente >>

<< Viene de página anterior

Sesiones
- Las sesiones son las interacciones de un usuario en una página web durante un período determinado. Comienzan cuando el usuario accede al sitio y finalizan al cerrar el navegador o tras treinta minutos de inactividad.

Tráfico orgánico y pagado
- Este indicador agrupa las sesiones que provienen de enlaces obtenidos mediante búsquedas orgánicas (gratuitas) y búsquedas pagadas (campañas publicitarias).

Tasa de rechazo
- La tasa de rebote es el porcentaje de visitas que entran a una página, la visualizan y se van sin interactuar ni hacer clic en ningún enlace.

Tasa de conversión
- La tasa de conversión es el porcentaje de visitantes del sitio web que realizan la acción deseada, como completar un formulario o descargar un *e-book*.

Enlaces externos
- La cantidad y la reputación de los enlaces externos hacia tu web son clave para el posicionamiento. Es importante cuidar tanto la temática como la cantidad de enlaces, ya que demasiados enlaces desde una misma página pueden ser interpretados por los buscadores como contenido patrocinado.

Las anteriores no son las únicas métricas disponibles. Para una medición eficaz, es crucial elegir las métricas que se alineen con los objetivos de la marca o la empresa. Esto requiere analizar y priorizar los indicadores más relevantes para evaluar el rendimiento y mejorar las decisiones estratégicas.

 **PARA SABER MÁS**

En la siguiente publicación encontrarás una recopilación de 31 métricas de *marketing* digital, organizadas según la estrategia utilizada. Accede desde aquí:

Continúa en página siguiente >>

<< Viene de página anterior

https://redirectoronline.com/comm097po0211

 TAREA 3

Antonio ha recibido la autorización para desarrollar el plan de *marketing* de su empresa. Como tiene previsto lanzar su primera campaña a finales del próximo mes, quiere avanzar lo máximo posible en la elaboración del plan sin perder tiempo.

¿Puedes ayudar a Antonio esbozando los apartados y los contenidos del plan de *marketing* para que le sea más fácil posteriormente cumplimentarlo?

5. Resumen

El plan de *marketing* es un documento que establece los objetivos, las estrategias y las acciones de *marketing* que la empresa llevará a cabo, funcionando como una guía anual para analizar la situación del negocio y evaluar iniciativas. Aunque algunos lo subestiman, es fundamental para gestionar la imagen de marca y la comunicación. Los objetivos del plan deben ser SMART:

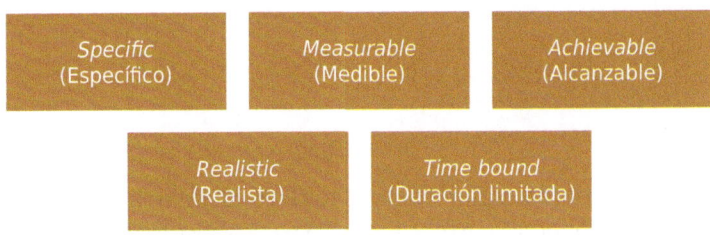

Para ser realmente útil, todo plan de *marketing* debe contar con una estructura clara y bien organizada, que incluya los siguientes apartados y subapartados esenciales:

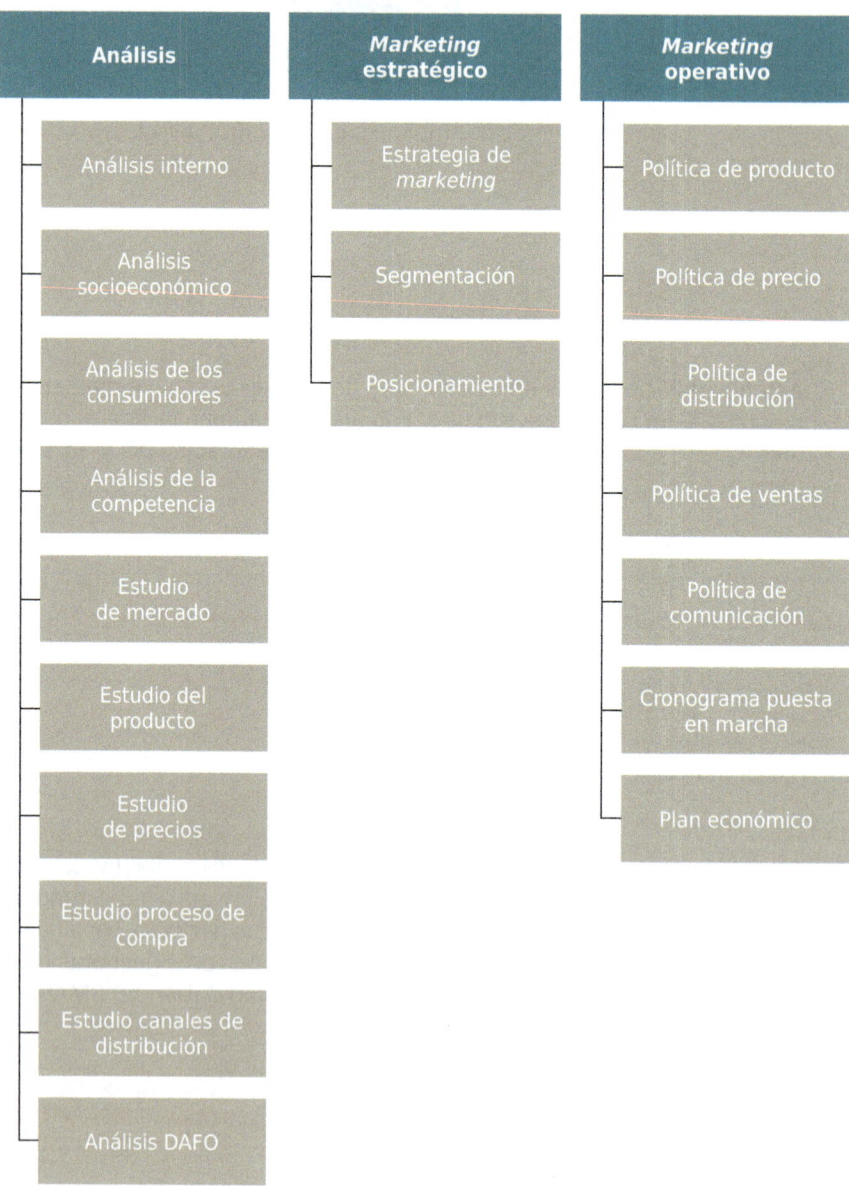

Tanto el *marketing* digital como el tradicional comparten un mismo propósito: promocionar una marca, producto o servicio. No obstante, el *marketing*

digital se distingue por el uso intensivo de internet y de las tecnologías digitales como principales canales de comunicación, lo que le otorga ciertas ventajas competitivas.

Entre las principales ventajas del *marketing* digital frente al tradicional se encuentran:

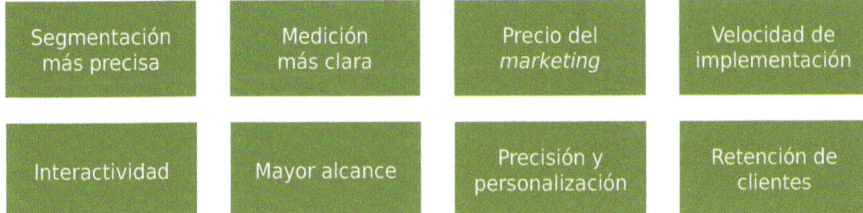

Una estrategia digital define los objetivos, los canales y las acciones necesarias para posicionar una marca en el entorno *online,* con el objetivo de atraer, convertir y fidelizar a suscriptores, visitantes o clientes. Entre las estrategias de *marketing* digital más empleadas actualmente destacan:

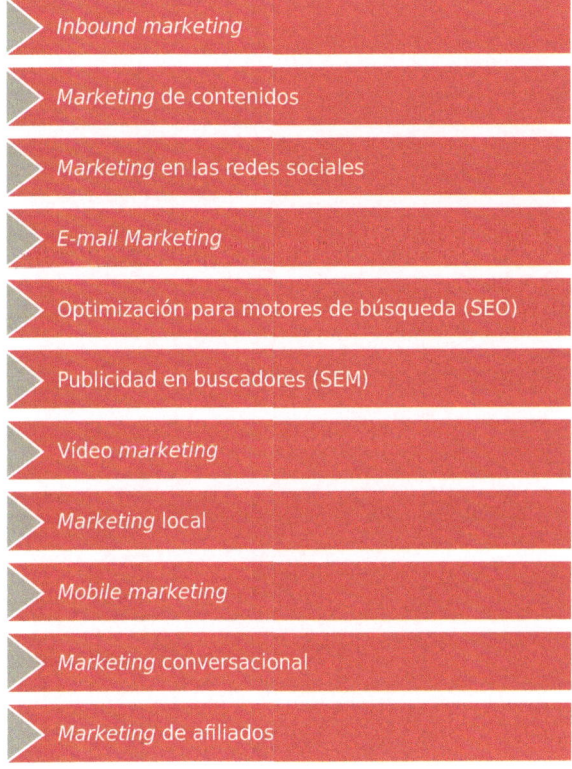

Ejercicios de autoevaluación
Unidad de Aprendizaje 2

1. Indica si las siguientes afirmaciones son verdaderas o falsas:

a. El plan de *marketing* incluye las estrategias de ventas de la empresa.

- ■ Falso
- ■ Verdadero

b. El éxito o el fracaso de una acción de *marketing* se evalúa a través de los indicadores clave de rendimiento (KPI).

- ■ Falso
- ■ Verdadero

c. La duración del plan de *marketing* es trimestral.

- ■ Falso
- ■ Verdadero

d. El plan de *marketing* debe contemplarse tanto en medios *online* como *offline*.

- ■ Falso
- ■ Verdadero

2. ¿Cuál de las siguientes opciones justifica la importancia de elaborar un plan de *marketing*?

a. Conocer a los competidores.
b. Establecer la cuota de mercado.
c. Planificar las acciones que se van a ejecutar.
d. Todas las opciones son correctas.

3. En la implementación de un plan de *marketing* es necesario...

a. ... esperar unos días desde la implementación para recopilar datos.
b. ... involucrar a los distintos departamentos de la empresa.

c. ... tener en cuenta las indicaciones del Departamento de Ventas.

d. ... trabajar sobre el proceso comercial, incluida la posventa.

4. ¿Cuál de los siguientes aspectos NO forma parte de un plan de *marketing*?

a. Establecer una hoja de ruta.

b. La adquisición de clientes.

c. La viabilidad de la empresa.

d. Orientar las acciones hacia el cumplimiento de objetivos.

5. En relación con los objetivos del plan de *marketing*, es correcto afirmar que...

a. ... se analiza la situación actual de la empresa.

b. ... se analizan las redes sociales en las que se tiene presencia.

c. ... se define el presupuesto destinado a publicidad.

d. ... se reutilizan los objetivos no alcanzados en campañas anteriores.

6. ¿Cuál es la estructura habitual de un plan de *marketing*?

a. Análisis > *Marketing* estratégico > Evaluación.

b. Análisis > *Marketing* estratégico > *Marketing* operativo > *Marketing* valorativo.

c. Análisis > *Marketing* estratégico > *Marketing* operativo.

d. *Marketing* estratégico > *Marketing* operativo > Evaluación.

7. ¿Qué acción se considera un error común al desarrollar un plan de *marketing*?

a. Cuantificar los objetivos.

b. Definir distintos roles para la ejecución del plan.

c. Mantener los productos no rentables.

d. Realizar un estudio de mercado.

8. **¿Qué característica del *marketing* digital permite realizar acciones o cambios en tiempo real?**

    a. La fidelización
    b. La inmediatez
    c. La rentabilidad
    d. La segmentación

9. **¿Qué elementos deben incluirse en la estrategia de *marketing* digital?**

    a. Los canales y las acciones que implementar.
    b. Los objetivos y las acciones.
    c. Los objetivos y los canales.
    d. Los objetivos, los canales y las acciones.

10. **¿Cuál de las siguientes opciones es una métrica habitual en el *marketing* digital?**

    a. Comparación de resultados entre días festivos y laborables.
    b. Número de correos enviados.
    c. Relación entre productos fabricados y vendidos.
    d. Tasa de rebote o rechazo.

Glosario

A/B *testing*
Técnica utilizada en el *marketing* digital y en la analítica web que realiza dos variantes de un mismo contenido para comprobar cuál funciona mejor.

Branded content
Técnica de *marketing* consistente en crear contenidos de valor que se asocien a una marca para favorecer que esta conecte con el consumidor.

DAFO
Herramienta de estudio de la situación en la que se encuentra una marca o empresa mediante el análisis de las propiedades internas (debilidades y fortalezas) y sus características externas (amenazas y oportunidades).

E-mail marketing
Comunicación que se lleva a cabo entre la marca y su público mediante el envío de correos electrónicos para llevar a cabo distintas campañas de *marketing.*

Embudo *(funnel)*
Término utilizado en el *marketing* digital en el que se establecen los pasos que debe seguir un usuario o cliente para conseguir el objetivo determinado.

Engagement
Nivel de compromiso y lealtad que tiene la audiencia con una marca.

Influencer
Persona especialista en un sector concreto que destaca en un canal digital por mostrar opiniones que tienen una gran repercusión debido a la gran cantidad de seguidores que tiene.

Inbound marketing

Marketing centrado en ofrecer un contenido útil y relevante a los usuarios en cada una de las etapas que se llevan a cabo dentro de un embudo de compras.

Influencer marketing

Marketing en el que se incorpora el uso de *influencers* para tratar de aumentar la notoriedad de la marca y el posicionamiento en la mente del usuario de forma que se influya en sus decisiones de compra.

KPI

Los indicadores clave de rendimiento se encargan de evaluar el grado de consecución de los objetivos planteados en la estrategia de *marketing* empresarial.

Marketing

Conjunto de técnicas cuya finalidad es mejorar la comercialización de los productos o servicios que la marca pone a disposición de los clientes.

Marketing de contenidos

Técnica de *marketing* en la que se involucra al público objetivo mediante la creación de contenidos relevantes para ellos, lo que provoca una imagen positiva de la marca.

Marketing de permiso

Marketing en el que se solicita a los usuarios permiso para enviarles materiales publicitarios relacionados con la marca. Este *marketing* tiene la ventaja de que las personas únicamente reciben publicidad acerca de los temas que les interesan.

Motor de búsqueda

Sistema encargado de buscar contenidos en internet cuando un usuario busca información sobre un tema concreto.

Outbound marketing

Conjunto de acciones de *marketing* cuyo objetivo es la captación de consumidores mediante métodos directos, como, por ejemplo, la entrega de publicidad a los consumidores.

Plan de marketing

Documento en el que se recogen los objetivos de *marketing*, las estrategias que implementar y la planificación para llevarlas a cabo. Este documento, normalmente, tiene una vigencia anual.

Posicionamiento orgánico (SEO)
El posicionamiento orgánico agrupa todas las acciones que llevan a cabo las empresas para que sus páginas y sitios web aparezcan en las primeras posiciones en los buscadores sin utilizar elementos publicitarios de pago.

Puntos de dolor *(pain points)*
Problemas a los que se enfrentan los clientes potenciales y que se podrían solucionar mediante los productos o servicios de una marca.

ROI (retorno de inversión)
Indicador que evalúa el rendimiento de una acción mediante la comparación del coste de llevarla a cabo con respecto al beneficio obtenido.

Segmentación
Proceso de clasificación de los usuarios de acuerdo con los aspectos sobre los que han mostrado interés para posteriormente enviarles información específica que se adapte a sus necesidades e intereses.

Storytelling
Técnica de *marketing* en la que se cuenta al público una historia relacionada con la marca para aumentar la cercanía entre la marca y su público.

Bibliografía

Monografías

→ BERGER, J.: *Contagioso: Cómo conseguir que tus productos e ideas tengan éxito*. Barcelona: Editorial Gestión 2000, 2014.

> Este libro aborda cómo lograr que los contenidos publicados por una marca o empresa se vuelvan virales, con el objetivo de aumentar su presencia y alcance entre consumidores y usuarios.

→ EXTEBARRIA Tobías, O.: *Metodología Inbound. Si no has sido el primero, aún puedes ser el mejor*. Barcelona: Editorial Anaya Multimedia, 2023.

> Esta publicación se centra en la metodología *inbound*, que pone en el centro al cliente para tratar de crear relaciones duraderas y personalizadas a través del contenido de valor que, con el tiempo, conseguirá que el cliente piense en la marca como referente en su sector.

→ GODIN, S.: *El marketing del permiso: convertir a extraños en amigos y a amigos en clientes*. Barcelona: Editorial Empresa activa, 2014.

> Libro que todo profesional del *marketing* debe leer. En esta obra, Godin populariza la idea de transformar el *marketing* de interrupción en *marketing* de permiso, poniendo al cliente en el centro de la estrategia para generar confianza y construir relaciones duraderas con las marcas.

→ GODIN, S.: *Esto es marketing. No uses el marketing para solucionar los problemas de tu empresa: úsalo para solucionar los problemas de tus clientes*. Barcelona: Editorial Planeta, 2019.

> El *marketing* es una técnica que actualmente percibimos como habitual. Este libro se centra en ayudar a las marcas a plantearse la manera en la que están presentando al mundo sus productos y su forma de actuar, para conectar con el público y conseguir que estos los compren.

→ GONZÁLEZ, F. J.: *Guía completa de inbound marketing: El camino hacia la visibilidad, el crecimiento y el éxito empresarial.* Michigan: Editorial Independently published, 2023.

    Este libro aborda las diferentes estrategias de *inbound marketing* desde sus fundamentos hasta las estrategias más avanzadas. Mediante su lectura podrás definir tu público objetivo, desarrollar estrategias de captación, convertir a los visitantes y, sobre todo, fidelizar a tus clientes.

→ KOTHLER, P., KATAJAYA, H., SETIAWAN, I.: *Marketing 4.0.* Madrid: Editorial Lid, 2020.

    Publicación en la que se analizan las tendencias y los hábitos de los usuarios, que han cambiado radicalmente debido a la incorporación de las nuevas tecnologías y las redes sociales, de manera que las empresas deben cambiar sus estrategias para tratar de llegar a ellos y posicionarse en su mente como referentes.

→ LÓPEZ Benítez, Y.: *Social media marketing y gestión de la reputación online.* Antequera: IC Editorial, 2022.

    Libro de la especialidad formativa COMM091PO en el que se recogen todos los elementos que deben tenerse en cuenta para tener una imagen empresarial adecuada en las redes sociales, así como la forma apropiada de realizar las publicaciones y la manera de gestionar la reputación de la marca.

→ LYNCH, P. y TAYLOR, M.: *Branding. Guía paso a paso para crear una estrategia de marca para tu emprendimiento.* Michigan: Editorial Independently published, 2023.

    En este libro te guiarán paso a paso para que crees tu propia estrategia de marca, lo que te ayudará a crear la personalidad de la marca y diferenciarte de la competencia y, sobre todo, trabajarás con una gran cantidad de herramientas gratuitas.

→ PÉREZ Huguet, R.: *Programa avanzado en marketing y estrategia digital.* Antequera: IC Editorial, 2025.

    Libro de la especialidad formativa COM111PO en el que se recogen todos los elementos que deben tenerse en cuenta para tener definir un plan de *marketing* digital, sin olvidarse de las estrategias de *inbound marketing* y de la importancia de la identidad de marca y su reputación *online*.

→ SANAGUSTÍN Fernández, E.: *Marketing de contenidos: Estrategias para atraer clientes a tu empresa.* Madrid: Editorial Anaya Multimedia, 2020.

    Este libro desarrolla distintas estrategias para conseguir que las empresas atraigan a los clientes a través de sus publicaciones sin que estos tengan la sensación de que les están tratando de vender los productos.

→ TOMÁS, D. *et all*: *Inbound Marketing: La guía definitiva*. Michigan: Editorial Independently published, 2020.

> El libro repasa los conceptos clave de la metodología *inbound marketing* y analiza diferentes ejemplos y casos de éxito de distintas empresas que ayudan a entender el *marketing*.

Publicaciones y páginas web *online* con recursos

→ 40deFiebre (Socialmood), de:
<https://www.40defiebre.com>.

> Página en la que se recopila información actualizada acerca del *inbound marketing*, el posicionamiento SEO, el *social media* o la analítica.

→ AulaCM, de:
<https://aulacm.com/blog/>.

> Blog con contenidos educativos sobre *social media*, posicionamiento SEO, blogs y herramientas digitales, con un enfoque didáctico y muy bien estructurado.

→ Digifianz – Recursos de *inbound marketing*, de:
<https://www.digifianz.com/es/recursos-de-inbound-marketing>.

> Página que ofrece distintos recursos de *inbound marketing* como *e-books*, plantillas, guías, casos de éxito y calculadoras útiles para planificar campañas completas.

→ HubSpot Blog en español, de:
<https://blog.hubspot.es>.

> Portal oficial de *inbound marketing*, con artículos sobre metodología, automatización, *buyer* persona y métricas.

→ IEBS – Herramientas de *inbound*, de:
<https://www.iebschool.com/hub/herramientas-inbound-marketing/>.

> Página en la que se recoge un listado detallado de herramientas gratuitas y de pago sobre *inbound marketing*, analítica web, automatización y gestión de contenidos.

→ Marketing 4 e-commerce, de:
<https://marketing4ecommerce.net>.

> Empresa especializada en comercio electrónico y *marketing* digital que publica análisis, entrevistas y contenidos prácticos sobre posicionamiento SEO, *marketing* de contenidos y redes sociales.

→ MarketingDirecto.com, de:
<https://www.marketingdirecto.com>.

Página que recoge informes y noticias sobre las tendencias de *marketing*, publicidad y comunicación digital, útil para conocer las novedades del sector.

→ mbudo Blog, de:
<https://mbudo.com/es/blog>.

Blog enfocado en el *inbound marketing*, en las estrategias de contenidos y las novedades de HubSpot, muy buen recurso si se quiere estar actualizado con las noticias del sector.

→ Neil Patel (versión en español), de:
<https://neilpatel.com/es/blog/>.

Blog con técnicas de posicionamiento SEO, generación de *leads* y *marketing* digital, con un lenguaje claro y aplicable en las estrategias digitales.

→ Semrush Blog, de:
<https://es.semrush.com/blog/>.

Ofrece guías avanzadas sobre posicionamiento SEO, análisis de la competencia y estrategias de contenido. Ideal para mantenerse actualizado sobre tendencias y novedades del sector.